构筑高职院校
育人工作新高地
——基于广西机电职业技术学院“三全育人”实践的探索

主　编　苏　茜　文小满　陶恩巧
副主编　施玉洁　梁荣梅　何晶晶　黄冬经

北　京
冶金工业出版社
2023

内 容 提 要

本书总结了广西机电职业技术学院在开展“三全育人”综合改革时的各种举措，系统分析了“三全育人”理论知识，从“三全育人”要素、内涵及特征等方面诠释了对“三全育人”工作的理解，通过对“三全育人”时代背景的深入探索，明确了高职院校“三全育人”的路径与载体，提炼出在课程、科研、实践、文化、网络、心理、管理、服务、资助、组织十大育人体系方面工作的案例，针对不同的育人案例进行了分析总结，以供“三全育人”工作者参考、借鉴和学习。

本书可供职业教育行业从事管理、研究和教学的有关人员和教师阅读与参考。

图书在版编目(CIP)数据

构筑高职院校育人工作新高地：基于广西机电职业技术学院“三全育人”实践的探索/苏茜，文小满，陶恩巧主编．—北京：冶金工业出版社，2023.10

ISBN 978-7-5024-9642-5

Ⅰ.①构…　Ⅱ.①苏…　②文…　③陶…　Ⅲ.①高等职业教育—人才培养—研究—中国　Ⅳ.①G718.5

中国国家版本馆 CIP 数据核字(2023)第 192842 号

构筑高职院校育人工作新高地

出版发行	冶金工业出版社	**电　　话**	(010)64027926
地　　址	北京市东城区嵩祝院北巷 39 号	**邮　　编**	100009
网　　址	www.mip1953.com	**电子信箱**	service@mip1953.com

责任编辑　杜婷婷　刘林烨　美术编辑　燕展疆　版式设计　郑小利

责任校对　李欣雨　责任印制　禹　蕊

北京建宏印刷有限公司印刷

2023 年 10 月第 1 版，2023 年 10 月第 1 次印刷

710mm×1000mm　1/16；9 印张；174 千字；136 页

定价 63.00 元

投稿电话　(010)64027932　投稿信箱　tougao@cnmip.com.cn

营销中心电话　(010)64044283

冶金工业出版社天猫旗舰店　yjgycbs.tmall.com

(本书如有印装质量问题，本社营销中心负责退换)

前　言

2016年12月，习近平总书记在全国高校思想政治工作会议上的讲话指出，高校思想政治工作关系高校培养什么样的人、如何培养人以及为谁培养人这个根本问题。要坚持把立德树人作为中心环节，把思想政治工作贯穿教育教学全过程，实现全程育人、全方位育人，努力开创我国高等教育事业发展新局面。党的二十大报告中明确指出，坚持为党育人、为国育才，全面提高人才自主培养质量，着力造就拔尖创新人才，聚天下英才而用之。坚持以人民为中心发展教育，加快建设高质量教育体系，发展素质教育，促进教育公平，办好人民满意的教育。为了做好育人工作，2017年12月，教育部党组印发了《高校思想政治工作质量提升工程实施纲要》，要求高校要充分发挥课程、科研、实践、文化、网络、心理、管理、服务、资助、组织等方面工作的育人功能，挖掘育人要素，完善育人机制，切实构建十大育人体系。广西机电职业技术学院作为全国首批、广西首家国家示范性骨干高职院校、全国高职高专院校人才培养工作水平评估优秀学校、国家示范性高职建设重点培育八所院校之一、国家创新发展行动计划优质校，始终坚持将立德树人作为立身之本，以学生需求为根本，以办好人民满意的高等职业教育为目标，深化教育教学改革，积极构建“三全育人”体制机制，全面提升学生综合素质和竞争力，担负起培养德智体美劳全面发展的社会主义建设者和接班人的责任和使命。

本书共分为两部分，第一部分主要分析了“三全育人”目前的一些理论研究成果和实践现状，第二部分主要介绍了广西机电职业技术学院在“三全育人”实践探索的过程中形成的一些育人案例，希望能为广大高职院校育人工作者提供一些有益的启发和经验借鉴，共同探寻育人的新途径、新方法，切实提高育人成效。

本书由广西机电职业技术学院苏茜、文小满、陶恩巧担任主编；

施玉洁、梁荣梅、何晶晶、黄冬经担任副主编。黄振宣、彭朝晖、刘靖怡、林德智、黄姣姣、郑天罡、韦祖林、唐晟、邱琳、吴彬宇、罗婷劼、陆洪萍、吕雪科、周林卫、陈丽婷参与了“三全育人”案例的编写。

本书在编写过程中，参考了有关文献资料，在此对文献作者表示感谢。

由于编者水平有限，书中不妥之处，敬请广大读者批评指正。

编者

2022年10月

目　　录

第一部分

“三全育人”理论分析

第一章 “三全育人”要素、内涵及特征

2016年12月7—8日，习近平总书记在全国高校思想政治工作会议上指出，高校思想政治工作关系高校培养什么样的人、如何培养人以及为谁培养人这个根本问题。要坚持把立德树人作为中心环节，把思想政治工作贯穿教育教学全过程，实现全程育人、全方位育人，努力开创我国高等教育事业发展新局面。做好高校思想政治工作，要因事而化、因时而进、因势而新。要遵循思想政治工作规律，遵循教书育人规律，遵循学生成长规律，不断提高工作能力和水平。从此以后，全员、全方位、全过程育人的“三全育人”教育理念被不断发展，各高校也在不断地深入学习贯彻会议精神，掀起一股“三全育人”的学习热潮。高校作为人才培养的重要阵地和作为实现中华民族伟大复兴的智力高地，必须始终坚持社会主义办学方向，牢牢把握立德树人这一根本目标，必须加大对“三全育人”教育理念的深刻把握，形成全员、全过程、全方位育人的浓厚氛围和思政大格局。从根本上解决“培养什么人、怎么培养人、为谁培养人”的问题，全面提升高校人才培养质量和增强国家核心竞争力。

第一节 “三全育人”构成要素

“三全育人”的核心要素是“育人”，根据“要遵循思想政治工作规律，遵循教书育人规律，遵循学生成长规律”三个规律，按照时间与空间等维度，构成一个时空融合、点面结合、立体形象的育人模式。具体有以下几个要素。

一、人员

人员是第一个要素，也是最为重要的一个要素，其主要是针对育人主体而言，全员育人侧重人员力量的调配，重点在于人人参与、多方联动，即能动员所有可以动员的力量参与育人工作，以便充分形成全员育人生动局面，不因育人力量不足而导致育人效果捉襟见肘。要充分调动起学校全体教职工都应该承担起育人的责任，并在2017年12月教育部发布的《高校思想政治工作质量提升工程实施纲要》提出的十大育人体系中主动发挥育人作用，不能因岗位的不同或者职能

的不同，产生育人主体责任的缺失。要打破传统理念，不能局限于育人工作仅仅是辅导员、思政教师的工作。要从单一是辅导员、思政教师扩大到学校所有教职工，在注重传授传统文化知识的同时，加强对学生德育素养的教育。

二、时间

时间是第二个要素，主要是针对全过程育人而言。从古至今，育人都是一项系统而长期的工程，并不是一朝一夕即可完成。在这个过程当中，倾注了教职工几年的心血甚至十年以上的心血。当然，在这里有一个理念必须要弄清楚，就是要坚持以学生为本。国务院颁发的《关于进一步加强和改进大学生思想政治教育的意见》明确指出，要加强和改进大学生的思想政治教育，坚持以人为本，贴近实际，贴近生活，贴近学生，努力提高思想政治教育的针对性、实效性、吸引力和感染力，培养德、智、体、美全面发展的社会主义事业合格建设者和可靠接班人。这就要求高校思想政治教育要树立以学生为本的新理念。要强调学生在教育当中的主体地位，同样要强调学生在思想政治教育中的主体地位。高校开展思想政治教育的出发点和根本目的首先是学生的健康成长，一切为了学生的全面发展和成人成才。要根据学生成长规律以及不同阶段所表现出来的特点，实施不同的育人方式方法，牢牢抓住学生成长的关键点、思想转变的特殊期等。

对于高职院校而言，大学生活只有较短的三年，如何教育学生达到好的育人效果值得思考。一般可以考虑一年一阶段共三阶段育人，大一主抓入学教育和养成教育，大二主抓专业教育和职业素养教育，大三主抓职业生涯规划和毕业生文明离校教育。

三、空间

空间是第三个要素，针对的是全方位育人。其主要是从育人不同的角度和维度出发，根据不同的手段和方法，在不同的空间，从育人工作所覆盖的方方面面，开展全方位的教育，努力帮助学生适应好学校生活、掌握专业技能、培养良好习惯、提高个人修养，让学生具备社会主义核心价值观。推动育人纵深联通，把育人工作贯穿到学生入学、在校、毕业及走向社会的各阶段，融入教学、科研、管理和服务工作全过程。努力做到思想问题发生在哪里，育人工作就导航到哪里；学生活动开展到哪里，育人工作就延伸到哪里；学生的需求在哪里，育人工作就聚焦到哪里。构建以课程思政、日常思政教育为主体，文化思政、网络思政为浸润，学科思政为支撑的育人力量，充分发挥思想政治教育的隐性功能，打造出像空气一样无所不在、无时不有的生活情景和社会氛围，将育人工作融入人才培养各环节。

四、三要素之间的关系

三个要素组成了一个完整的“三全育人”体系，它们之间既相互联系又有所区别，相辅相成缺一不可又有所侧重。

（一）全员育人、全过程育人、全方位育人的内在联系

全员育人、全过程育人、全方位育人都是从不同的维度展开的，它是一个完整的体系，全员、全过程、全方位是这个体系的三个支柱，缺少任何一个支柱，都不完整，都会造成“三全育人”难以支撑。从整个系统来看，全员育人为前提，强调的是育人主体——人；全过程育人为衔接，强调的是育人前后——时间范围；全方位育人为拓展，强调的育人宽度——空间范围。

（二）全员育人、全过程育人、全方位育人的侧重点

全员育人、全过程育人、全方位育人三者之间有着不同的侧重点。

（1）全员育人强调的育人主体，而育人主体就涉及学校的所有教职工。如何让所有教职工都能更好地参与到育人当中来，这就需要对实施育人工作队伍进行全面的规划和建设。因为育人队伍的力量强大与否、质量高与低，直接决定了学校育人成效的好与坏，因此必须要把这个前提条件做好，把前期的功课做足。

（2）全过程育人侧重于从时间上进行界定，强调的是育人的时间范围。这里有两个重要的方面必须要引起注意：一方面是时间的延续性；另一方面是时间的积累性。从时间的延续性来说，育人过程是贯穿学生在校的整个学习生涯的，必须要保证育人过程的延续，而不能出现时断时续的情况。从时间的积累性来看，育人的这条线是条长线，是一项长期的系统工程，需要慢慢地积累。比如大一可以学礼仪文化，大二可以学传统文化，大三可以学企业文化等，这就是育人慢慢地积累的一个过程，经过这么一个过程以后，那么文化育人就可以取得显著成效，先进的文化价值就慢慢渗透到学生的灵魂深处，使之内化于心外化于行，促进学生的全面发展。

（3）全方位育人侧重于育人的空间范围，着力解决的是培养德智体美劳全面发展的人。这里有两个方面需要注意：一方面是育人渠道的拓宽和育人媒介的拓展，不局限于校内育人，校外同样可以育人，不局限于第一课堂育人，第二课堂同样可以育人，不局限于教师可以育人，企业员工同样可以育人；另一方面是打破传统育人目标要传授学生专业知识和培养优秀品质，更多的是注重学生的独立人格和兴趣爱好或者创造力的培养，充分发挥学生的主观能动性，利用好社团、协会、沙龙、网络平台等新媒体新技术，最大限度地挖掘学生潜能，最大限

度地利用教职工技能释放，将学生的发展放在首位，充分体现“以生为本”理念，促进学生综合素质全面提升。

第二节 “三全育人”的内涵

一、“三全育人”的基本内涵

“三全育人”是指全员育人、全过程育人和全方位育人。“三全育人”不仅是一种教育理念，更是一种全面的、系统的育人指导思想；同时，也是对当下育人项目、载体、资源的有效整合，对重新建构育人体系、格局、标准有着重要意义，也是“大思政”格局形成的重要标志。为了对“三全育人”有更清晰的认识，可以从狭义和广义两个方面去理解。从狭义上讲，“三全育人”是一种德育理念，更多的是强调德育在整个体系内，从全员、全过程、全方位三个方面来调动德育各方面的力量，形成齐抓共管协同联动德育合力，构成一种时空融合、点面结合、立体形象的育人模式。广义上讲，“三全育人”是一种教育理念，不仅仅局限于德育这个范畴，更不能将它等同于德育的指导思想，更多地侧重于学生的全面发展。之所以通常把它看作是德育，是因为它的内容非常贴近德育的要求。在本书中主要从狭义的“三全育人”来分析探讨。

二、全员育人

所谓全员育人，是指教书育人、管理育人、服务育人，具体指学校的教师、干部、职工为了实现育人的目标，在从事自己本职工作的过程中，以一定形式对学生进行直接或者间接的教育过程，即人人育人，主要是从育人主体出发，体现“人人育人”的大德育观。让学校里的每一个教职工都树立起育人的意识，担负起育人的责任，充分发挥各部门的职能，达到相互配合相互协作，形成合力，建构起全面、完整、和谐的育人体系，真正实现立德树人这一根本任务，明确了立德树人责任主体。

三、全过程育人

所谓全过程育人，是指从育人的时间角度出发，强调把教育贯穿大学生学习成长全过程，是高校思想政治教育工作的持续性和全程性的体现。从大学生入学到毕业离校，根据学生的身心发展规律，针对每个阶段所呈现出来的特点以及面临的实际问题，有针对性地制定不同阶段的思想政治教育的工作侧重点，充分提高大学生思想政治教育工作的时效性。全过程育人明确了立德树人的责任时间。

四、全方位育人

所谓全方位育人，是指从空间的角度出发，强调育人空间宽度要不断拓展，充分实现立体化育人，促进学生的全面发展。在育人的过程中，高职院校应当将育人的渠道不断拓宽、育人的媒介不断拓展，充分将显性教育与隐性教育相结合，充分将“有形的手”和“无形的手”相配合，不断地将思想政治教育渗透到教育教学和学生生活的方方面面，形成立体交织的“育人场”。大学生一旦进入“场”内，便自觉或不自觉地接受育人“势能”，自然而然地形成春风化雨、润物无声的教育效果。全方位育人明确了立德树人的途径和方法。

第三节 “三全育人”的基本特征

一、主体的全面性

育人是一项系统工程，需要更多的力量参与其中，并且相互支持与配合，最终形成一股德育的合力。在“三全育人”的构成要素里，人员作为第一要素，重要作用不言而喻。目前，德育模式多种多样，但同时也暴露出德育实效性不足的问题。导致德育实效性的不足及德育人员的无力感和低效能感一个重要的原因就是德育合力的欠缺，而德育合力的欠缺最主要的原因是学校全体教职工并没有真正地全部参与进来，各部门之间也没有形成很好的相互协作与支持配合。在传统的育人观念中，大家都认为思想政治教育工作是思政老师和辅导员的事情，与专业老师、管理人员、服务人员关系不大，更不用说社会环境的介入，比如校企合作中企业人员的参与等。而在“三全育人”的理念中，要求人人育人，要求高校将育人主体扩大到全体教职工，不分你我、不分彼此，全部参与到育人当中，形成一支角色鲜明、分工明确、团结有力、协调高效的综合性育人队伍；着力破解专业老师、管理人员、服务人员育人思想淡薄、校企合作育人效果差等问题，形成全员育人合力强、任务明确、育人效果好的局面。

二、时间的全过程性

通常院系、辅导员或者思政老师更多关注的是学生入校和离校两个关键时间点的思想政治教育，没有考虑在校的其他时间段，更没有注意到思想品德的形成具有长期性和反复性的特点，所以容易出现没有将育人理念贯穿学生成长的整个在校阶段，甚至拓展到毕业生离校后的职业生涯当中。针对大学生成长的阶段性特点及心理变化，学校有必要上下联动，全程跟进，既要抓住关键点进行针对性的教育，又要保证大学生不同阶段的思想政治教育；既要保证育人时间上的延续性和积累性，又要保证有侧重点和有的放矢。促进大学生身心健康成长，帮助大学生顺利度过成长过程中的特殊期。比如开展大学生入学教育、校园生活适应性教育、专业发展教育、假期“三下乡”活动、企业实践、每年的传统节日主题教育等，确保每个阶段都有相应的思想政治教育，使学生能够将价值规范内化于心外化于行，具备稳定的品质和良好的道德修养。

三、空间的多维性

高等教育肩负着培养德智体美劳全面发展的社会主义事业建设者和接班人的重大任务，德育的最终目标就是要促进人的全面发展，因此如何促进学生的全面发展将是德育工作的重中之重。高校思想政治教育目前依然存在着路径单一、形式匮乏、效能低下等问题，为了更好地打破这种困局，也为了更好地适应新形势下德育工作高要求，高校应该积极拓宽育人渠道、拓展育人媒介，不断加强与智育、体育、美育、劳育相结合，不断加强校企合作增加学生社会实践，积极推进产教融合、科教融汇，促进多维教育相互渗透相互融合，把大学生培养成真正的中国特色社会主义的合格建设者和接班人。

“三全育人”是一个具有战略性、整体性的系统工程，更为着重实践性，不但强调育人主体的全面性、时间的全过程性、空间的多维性，更加突出诠释“依靠谁来开展育人工作”“如何开展育人工作”“育成什么样的人”等问题，更要求学校所有教职工必须随时要有“人人育人、时时育人、处处育人”的工作意识，努力提高科学育人方式方法，增强育人成效，办好人民满意的教育。

第二章 “三全育人”理论概述

第一节 “三全育人”的时代背景

一、国外“三全育人”现状

近五年，关于“三全育人”的研究越来越火热，成果也越来越丰硕。无论是本科院校还是高职院校都对“三全育人”进行了大量的研究和实践探索，同时在不断地丰富创新。“三全育人”理论的研究可以说是进入了一个全新的发展格局，给高校思想政治教育工作者们开展育人工作提供了参考依据和理论支持，从不同程度上给思想政治教育提升了实际影响力。

思想政治教育变得越来越重要，但是思想政治教育不是我国独有，目前国外很多高校在育人方面也已经开展多年的研究与实践。据相关研究，国外高校没有明确提出“思想政治”概念，但是他们对学生的要求和培养目标与国家的目标和教育目标是一致的，具有鲜明的目的性和时代性，都是为了培养符合其国家需要的政治思想品德合格的接班人，培养全面发展的人才，培养合格的本国公民。当然，这里还有一些共性，就是各国的德育都往往与社会现实、学生健康成长密切联系。特别注重育人的实效性，喜欢将枯燥的说教与理论最大程度上变得简单易懂。

在这里简单介绍国外高校的一些做法（以美国和英国为例）。美国作为世界强国，同时作为西方德育的发祥地，其德育工作很有特点：一是特别重视整合社会资源辅助德育工作，重视家校联合育人，在高校里都设立了家长联合会；二是特别重视社会实践，通过社会实践来培养学生的道德情感，提高学生的道德责任感；经常性组织一些助人活动或者志愿活动，激发学生协作精神和社会责任感；三是开设专门的德育课，比如西方文明史、美国宪法等一些通识教育课程；四是借助专业课教学开展德育工作，他们没有课程思政，但是一般会开一些跟德育高度相关的课程，比如在医学院开设医学理论学、商学院开设商业伦理学等，让学生在学习专业课程的同时，主动思考与专业相关的社会伦理道德问题，这种育人具有渗透性和隐蔽性的特点，普遍很有成效；五是借助心理健康咨询开展德育工作，主要是用来健全人格，让学生能够健康成长与发展。

英国高等教育历史悠久，牛津大学和剑桥大学分别成立于 1167 年和 1209

年，起初是培养绅士的，开展的是精英教育，对德育的要求相对较高。经过800多年的发展，英国的德育工作在学生的管理上形成了自己独特的一面：一是为学生提供一站式服务，很多高校都建有学生工作一站式服务大厅，十分方便地为学生解决相关事务性问题；二是为学生安排全责导师，学生一入学就安排一名导师一直到毕业离校，导师对学生负全责，导师没有报酬，也没有考核制度，担任导师是每一名教师应尽的义务，这与我国的全员育人和全过程育人思想非常类似；三是让学生了解教师的最新研究成果，体现了科研育人的特点；四是让学生参与学校管理，除了学术委员会外，学生基本上都参与到了学校里所有的委员会，在学校开展各项工作，学生的意见非常重要，学校将会充分考虑学生所提的意见，通过角色的转变，学生更容易受到多维度的教育，这体现的是全方位育人的思想。

二、我国“三全育人”的现状

我国“三全育人”概念的提出具有跨时代的意义。它结合了中国传统教育思想，也借鉴了国外某些优秀的教育理论，是在我国国情发展到一定阶段，与国家政治、经济、文化、教育相适应的产物，有着其特殊的意义和价值。新中国成立以来，各种教育理念不断涌现，既有借鉴国外的，也有本土提出的。在这众多的理论当中，“三全育人”教育理念以其突出的实效性和丰富的内涵及典型特征赢得了青睐，获得了认可，在新时代不断地进行发展和完善。通过参阅“三全育人”的相关论文资料和著作等，本书按照时间将“三全育人”教育理念的发展过程进行了梳理并划分为五个阶段，即萌芽期、探索期、发展期、成熟期和完善期。

（一）萌芽期（1949—1966年）

这一阶段主要是从新中国成立到“文化大革命”开始前的这段时间。当时正处于新中国成立初期，面临着没有多少工业、农业也不发达、科学水平不高的一穷二白的境地，可谓百业待兴、百废待举，国家的各项建设正需要大量的人才，对人才的需求十分迫切。国家意识到了教育的重要和紧迫性，以毛泽东同志为核心的第一代中央领导集体对旧的教育制度进行了改革。在《中国人民政治协商会议共同纲领》中规定：“中华人民共和国的文化教育为新民主主义的，即民族的、科学的、大众的文化教育。”

1950年8月2日在北京召开的中国教育工会第一次全国代表大会上，开创性地提出了“教书育人、管理育人、服务育人”的“三育人”理念，这是对教育理念的一种全新探索，也是中国教育改革上的一次历史性创造，具有十分重要的历史意义，为后来“三全育人”的发展和研究打下了基础。

1957年2月27日，毛泽东撰写的《关于正确处理人民内部矛盾的问题》一文发表于1957年6月19日《人民日报》。文中指出：“思想政治工作，各个部门都要负责任。共产党应该管，青年团应该管，政府主管部门应该管，学校的校长教师更应该管。”从这里可以感觉到“全员育人”的萌芽，也是“三全育人”理念形成的源头。

（二）探索期（1978—1998年）

1978年3月，邓小平在全国科技大会开幕式上的讲话中就明确指出，我们要全面地正确地执行党的教育方针，端正方向，真正地搞好教育改革，使教育事业有一个大的发展，大的提高。预示着教育要有大的发展。在党的十一届三中全会胜利召开后，党和国家的教育方针随之发生了新的变化，国家的教育事业也逐步迎来了新的发展时期。国家的工作重心逐渐转移到经济建设上来，教育也跟着转移到国家的工作重心上来。“教育要面向现代化、面向世界、面向未来”，这是邓小平在1983年10月1日为北京景山学校所作的题词，后来成为我国社会主义教育事业的指导方针。教育要培养有理想、有道德、有文化、有纪律的社会主义四有新人。从此，“三个面向”“四有新人”为我国的教育确立了新的发展目标。“教书育人、管理育人、服务育人”的教育理念重新又成为教育工作者的共识。

1996年10月，党的十四届六中全会在北京召开，会议通过了《中共中央关于加强社会主义精神文明建设若干重要问题的决议》，并指出“发展教育科学文化，提高全民族的思想道德素质和科学文化素养”。为了适应市场经济体制改革，中国教育工会不断深化“三育人”活动，并大力推进教师队伍建设和精神文明建设。中国教育工会四届七次常委会决定，在全国范围内大力开展以加强师德建设为中心的“树师表形象，创文明校风，为实现跨世界宏伟目标做贡献”的专题活动，使得“三全育人”理念有了更深的发展，并在1998年2月由中共中央宣传部（简称中宣部）、中华全国总工会、国家教育委员会等有关部门领导和专家学者组成的评委会，评选出了10名“全国师德标兵”、22名“全国师德先进个人”。在这10名“全国师德标兵”中就有今天的西安交通大学校长王树国，这极大地促进了教育战线精神文明建设。

（三）发展期（1999—2003年）

为全面贯彻党的十五大精神，1999年6月13日，中共中央、国务院颁布了《关于深化教育改革全面推进素质教育的决定》（以下简称《决定》），这是中共中央、国务院为加快实施科教兴国战略作出的重大决策，阐述了教育在综合国力形成中所处的基础地位，对进一步深化教育改革、全面推进素质教育进行了战略部署，共分四个部分：全面推进素质教育，培养适应21世纪现代化建设需要的社会主义新人；深化教育改革，为实施素质教育创造条件；优化结构，建设全面推进素质教育的高质量的教师队伍；加强领导，全党、全社会共同努力开创素质教育的新局面。

江泽民同志在全国教育工作会议上提出，要以培养学生的创新精神和实践能力为重点，努力造就“有理想、有道德、有文化、有纪律”的德育、智育、体育、美育等全面发展的社会主义事业建设者和接班人。《决定》的颁布，可以说对我国教育发展史具有里程碑的意义。从社会主义建设的全局出发，对我国教育目标提出了新的方向，实现了从应试教育到素质教育的全面转变，对过去教育观念和实践教育中存在的问题进行了重新思考和梳理，扭转了“唯分数论”的局面，更多地关注学生的全面发展和个性化培养。同时，《决定》也对我国的教育模式提出了更高的要求。教育工作者要积极思考如何在全面推进素质教育的同时，抓好科学文化素质教育以及思想政治素质教育。引导更多的教育工作者去探讨过去提出来的“三育人”的概念中存在的不足和问题，加大对其进行创新和补充与完善。“要更新旧的教育观念，改革对教师的理解”“素质教育还应加强师德教育，提高教师的能力和水平是‘三育人’工作新的内容”，这些都在《决定》中被提出。

对“三育人”的一些具体实施路径和方法，一些学者也提出了见解，比如：建立全员育人的信息化系统，建立执行的机制和制度，实施两课，发挥党团作用，开展社会实践活动，做好新生入学、毕业以及主干阶段的思政工作等。这些路径和方法的提出，就已经非常明显地体现出全员育人、全过程育人、全方位育人的一些内涵，极大地丰富和发展了“三全育人”的教育理念。

（四）成熟期（2004—2015 年）

中共中央、国务院在 2004 年 8 月 26 日颁布的《关于进一步加强和改进大学生思想政治教育的意见》（以下简称《意见》）强调指出，大学生是十分宝贵的人才资源，是民族的希望，是祖国的未来。加强和改进大学生思想政治教育，提高他们的思想政治素质，把他们培养成中国特色社会主义事业的建设者和接班人，对于全面实施科教兴国和人才强国战略，确保我国在激烈的国际竞争中始终立于不败之地，确保实现全面建成小康社会、加快推进社会主义现代化的宏伟目标，确保中国特色社会主义事业兴旺发达、后继有人，具有重大而深远的战略意义。《意见》分以下九个部分：

（1）加强和改进大学生思想政治教育是一项重大而紧迫的战略任务；

（2）加强和改进大学生思想政治教育的指导思想和基本原则；

（3）加强和改进大学生思想政治教育的主要任务；

（4）充分发挥课堂教学在大学生思想政治教育中的主导作用；

（5）努力拓展新形势下大学生思想政治教育的有效途径；

（6）充分发挥党团组织在大学生思想政治教育中的重要作用；

（7）大力加强大学生思想政治教育工作队伍建设；

（8）努力营造大学生思想政治教育工作的良好社会环境；

（9）切实加强对大学生思想政治教育工作的领导。

《意见》提出了大学生思想政治教育的指导思想、基本原则、主要任务和有效途径，给各高校开展思想政治教育指明了方向、指出了新的思路和信息的举措，比如“坚持教书与育人相结合”“坚持教育与自我教育相结合”“坚持政治理论教育与社会实践相结合”“坚持解决思想问题与解决实际问题相结合”“坚持教育与管理相结合”“坚持继承优良传统与改进创新相结合”等基本原则，同时也要求把思想政治教育融入大学生专业学习的各个环节，渗透到教学、科研和社会服务各个方面。要深入挖掘各类课程的思想政治教育资源，在传授专业知识过程中加强思想政治教育，使学生在学习科学文化知识过程中，自觉加强思想道德修养，提高政治觉悟；要建立健全党委统一领导、党政群齐抓共管、有关部门各负其责、全社会大力支持的领导体制和工作机制，形成全党全社会共同关心支持大学生思想政治教育的强大合力。

《意见》基本上包含了“三全育人”中全员育人、全过程育人、全方位育人的雏形结构和深层含义。在《意见》的指引下，全国各高校迅速掀起了研究“三全育人”的热潮，研究的深度、方式、范围都比以前有了更大的进步，大学生思想政治教育又跨上了一个新的台阶。

2005 年 1 月 17—18 日，全国加强和改进大学生思想政治教育工作会议在北京召开，胡锦涛同志在会议上明确指出“加强和改进大学生思想政治教育是一项涉及方方面面的系统工程”，“各高校要努力形成党委统一领导，党政群团齐抓共管，全体教职工全员育人、全方位育人、全过程育人的工作机制”。这是我们国家首次明确地提出了“三全育人”的概念，标志着“三全育人”的理论研究和实践探索进入了一个成熟期，极大地鼓舞和促进各高校开展思想政治教育工作，使大学生思想政治教育更有时代性、针对性和实效性。

（五）完善期（2016 年至今）

党的十八大召开以后，面临新形势，国家对高等教育提出了新时代的要求。2017 年 2 月，中共中央、国务院印发了《关于加强和改进新形势下高校思想政治工作的意见》（以下简称《工作意见》），强调指出，高校肩负着人才培养、科学研究、社会服务、文化传承创新、国际交流合作的重要使命。加强和改进高校思想政治工作，事关办什么样的大学、怎样办大学的根本问题，事关党对高校的领导，事关中国特色社会主义事业后继有人，是一项重大的政治任务和战略工程。《工作意见》又指出，加强和改进高校思想政治工作的基本原则如下。

(1) 坚持党对高校的领导。落实全面从严治党要求，把党的建设贯穿始终，着力解决突出问题，维护党中央权威、保证党的团结统一，牢牢掌握党对高校的领导权。

(2) 坚持社会主义办学方向。坚持马克思主义指导地位，坚持以人民为中心的发展思想，更好为改革开放和社会主义现代化建设服务、为人民服务。

(3) 坚持全员全过程全方位育人。把思想价值引领贯穿教育教学全过程和各环节，形成教书育人、科研育人、实践育人、管理育人、服务育人、文化育人、组织育人长效机制。

(4) 坚持遵循教育规律、思想政治工作规律、学生成长规律。把握师生思想特点和发展需求，注重理论教育和实践活动相结合、普遍要求和分类指导相结合，提高工作科学化精细化水平。

(5) 坚持改革创新。推进理念思路、内容形式、方法手段创新，增强工作时代感和实效性。由此以后，“三全育人”建设工作进入了完善期。

面对新时代，面对百年未有之大变局，各高校要敢于做思想政治教育的弄潮儿，坚持用习近平新时代中国特色社会主义思想作为指导，大胆创新和发展高校思想政治教育工作思路，加强和改进高校思想政治工作，全面推动“三全育人”改革落到实处。积极构建校内校外、课内课外、线上线下的协同育人综合体系，积极践行新时代赋予“三全育人”的深刻内涵和时代意义。

新中国成立以后，“三全育人”伴随着70多年的发展及演变，目前已经成为一种不断开放、不断改进与不断整合的思想政治教育模式。其内涵的不断丰富和扩展，对我国高校思想政治教育工作的创新和发展具有十分重要的意义。同时，各校也要清晰地认识到在思想政治教育工作上的不足，在面对日益复杂的国际形势和国内经济、社会发展提出了各种挑战，要积极践行，切实领会“三全育人”教育理念给高校思想政治教育工作带来的极大便利和实效。今天，新时代下的“三全育人”教育理念充分强调以一种时空融合、点面结合、立体形象的育人模式，以“人人育人、时时育人、处处育人”的工作意识，以春风化雨、浸润滋养的工作方式，以培养、完善、提高大学生素质的工作目的，来开展大学生思想政治教育。高校务必在育人的各个环节中，一定要同向同行、协同联动、齐抓共管、持续不间断，最终向人民交出一份满意的育人答卷。

第二节 “三全育人”的时代意义

在党的十七大报告中提出，“坚持育人为本、德育为先，实施素质教育，提高教育现代化水平，培养德智体美全面发展的社会主义建设者和接班人，办好人民满意的教育”，首次提出了“育人为本、德育为先”。党的十八大报告则进一步强调把立德树人作为教育的根本任务，培养造就中国特色社会主义事业的建设者和接班人。将“立德树人”的定位置于“全面发展”之上。立德树人是我国教育的根本任务和内在要求，这就要求各高校要加大德育教育，同时要增强实效性，这也是新时代党和国家德育工作的基本要求。“三全育人”的提出，为各高校开展思想政治教育工作提供了很好的实践参考和理论依据，完全符合党中央关于加强立德树人教育的指导精神，完全遵循了高校思想政治工作规律、教书育人规律和学生成长的规律，具有非常重要的时代意义。

一、“三全育人”是新时代新形势下高校对国家关于思想政治教育工作政策的贯彻

高校作为提高大学生思想政治素质的主阵地和思想政治教育的主渠道，是贯彻落实中共中央、国务院颁发的《关于加强和改进新形势下高校思想政治工作的意见》等系列文件要求的责任主体，是推动党和国家教育事业的重要保障，也是提高党的执政能力、巩固党的执政基础的重要保障。为了更好地做好大学生思想政治教育工作，促进学生全面发展以及健康成长成才，党和国家多次出台了相关文件和政策，积极对高校思想政治教育工作进行了指导和部署，充分体现了党和国家对大学生思想政治教育的高度重视和殷切希望。

党的十八届三中全会以全面深化改革为主要议题召开以后，我国的改革进入了“深水区”。特别是目前新时代新形势下，国外的各种思潮、先进文化、优秀成果等大量涌入，同时还伴随着各种各样的价值观念、文化理念、生活方式、意识形态等在不知不觉中渗透进来，不断冲击大学生的道德以及人生观、世界观、价值观，而且途径越来越隐蔽、形式越来越多样、方式越来越巧妙，几乎涉及大学生的方方面面。这对于“三观”还没有稳定、社会经验十分欠缺的大学生来说，无疑容易受到影响而产生不良行为。针对这种情况，“三全育人”教育理念的及时提出，给高校思想政治教育工作指明了方向。这也是党和政府对高校思政教育工作的新要求新任务，不断督促高校思想政治教育工作向前发展、顺应时代。

从2004年开始，党和国家出台了关于高校思想政治教育的一系列文件近20个，通过这些可以看出，党和国家对高校思想政治教育工作的极度重视，把高校思想政治工作联系高校培养什么样的人、如何培养人及为谁培养人这个根本问题作出了解答。同时，对高校思想政治教育工作提出了具体要求，“要坚持把立德树人作为中心环节”“做好高校思想政治工作，要因事而化、因时而进、因势而新。要遵循思想政治工作规律，遵循教书育人规律，遵循学生成长规律，不断提高工作能力和水平”。

(一) 坚持思想政治教育的指导思想及基本原则

我国的高校是党领导下的高校，是中国特色社会主义高校。办好我国的高校，必须坚持以马克思主义为指导，全面贯彻党的教育方针。要坚持不懈传播马克思主义科学理论，抓好马克思主义理论教育，为学生一生成长奠定科学的思想基础。要坚持不懈培育和弘扬社会主义核心价值观，引导广大师生做社会主义核心价值观的坚定信仰者、积极传播者、模范践行者。要坚持不懈促进高校和谐稳定，培育理性平和的健康心态，加强人文关怀和心理疏导，把高校建设成为安定团结的模范之地。要坚持不懈培育优良校风和学风，使高校发展做到治理有方、管理到位、风清气正。

(二) 抓好思想政治教育工作队伍建设

习近平总书记指出，思想政治工作从根本上说是做人的工作，必须围绕学生、关照学生、服务学生，不断提高学生思想水平、政治觉悟、道德品质、文化素养，让学生成为德才兼备、全面发展的人才。那么谁来做人的工作呢？最终还是要由人来做。高校思想政治教育是否具有实效性，关键还得看是否具有一支能打硬仗的思想政治教育工作队伍。习近平总书记在2012年提出“打铁还需自身硬”，要把思政工作做到更好更高的水平，还必须有一支高水平、高觉悟、信念坚定、作风顽强、爱岗敬业、奋发有为、有能力、有水平、有情怀的思政工作专职队伍。这是一支不可或缺的队伍，也是一支值得信赖的队伍。要建设好这支队伍，保证这支队伍高质量、高水准，保证这支队伍后继有人、源源不断。各级党委政府和高校要像关心教学科研骨干的成长一样，关心思想政治工作队伍成长，使他们工作有条件、干事有平台、待遇有保障、发展有空间，最大限度地调动他们的积极性、主动性、创造性。

(三) 探索大学生思想政治教育有效途径

针对德育效果的不理想，各高校要积极学习党和国家的政策文件，努力探索大学生思想政治教育的有效途径，不断进行实践与创新。2016年12月，习近平总书记指出，做好高校思想政治工作，要因事而化、因时而进、因势而新。要遵循思想政治工作规律，遵循教书育人规律，遵循学生成长规律，不断提高工作能力和水平。要用好课堂教学这个主渠道，思想政治理论课要坚持在改进中加强，提升思想政治教育亲和力和针对性，满足学生成长发展需求和期待，其他各门课都要守好一段渠、种好责任田，使各类课程与思想政治理论课同向同行，形成协同效应。要加快构建中国特色哲学社会科学学科体系和教材体系，推出更多高水平教材，创新学术话语体系，建立科学权威、公开透明的哲学社会科学成果评价体系，努力构建全方位、全领域、全要素的哲学社会科学体系。要更加注重以文化人、以文育人，广泛开展文明校园创建，开展形式多样、健康向上、格调高雅的校园文化活动，广泛开展各类社会实践。要运用新媒体新技术使工作活起来，推动思想政治工作传统优势同信息技术高度融合，增强时代感和吸引力。高校要充分利用校内校外、课内课外、线上线下等方式方法，不断探索大学生思想政治教育的有效途径，不断提高大学生思想政治教育工作水平。

二、“三全育人”是新时代新形势下高校落实立德树人的根本任务和内在要求

党的十八大报告指出，把立德树人作为教育的根本任务，培养德智体美全面发展的社会主义建设者和接班人。相比党的十七大报告提出的“坚持育人为本，德育为先”，这种论述是对德育的进一步强化和精炼，更是对素质教育内涵的深入阐释。尤其是在新时代大背景下，意蕴更为深远悠长。“培养什么人、怎样培养人、为谁培养人”是教育的首要问题，结合我国的基本国情，教育就是要担负起培养中国特色社会主义的建设者和接班人，这也决定了必须把坚持立德树人作为根本任务，也是教育现代化的方向与目标。“要坚持把立德树人作为中心环节，把思想政治工作贯穿教育教学全过程，实现全程育人、全方位育人，努力开创我国高等教育事业发展新局面。”要把立德树人贯穿于教学的所有环节，融入教育的各个体系，真正地培养出能够担负未来民族复兴伟业的时代新人。

（一）“三全育人”是落实立德树人的最好体现

立德树人中的“德”是一切教育的根本，也充分体现了社会主义核心价值观时代要求。在历史的交汇点，世界局势复杂多变，国内改革面临种种挑战与风险。作为育人的主阵地，高校必须要提高思想站位，必须牢固树立“四个意识”，坚定“四个自信”，做到“两个维护”，任何时刻都要国家保持高度一致，坚决彻底把立德树人的根本任务落到实处，通过“三全育人”教育理念将高校立德树人走深走实，不断加强大学生树立起社会主义核心价值观；通过高质高效地开展育人活动，不断提高大学生的道德主体精神。在立德树人的过程中，教师要遵循思想政治工作规律、教书育人规律和学生成长规律，主动把学生放在教育的主体地位，培养学生正确的人生观、世界观和价值观，拥有高尚的道德情操，坚定的理想信念，强烈的社会责任感和社会正义感，并具备为社会发展和中华民族伟大复兴的奉献精神。“三全育人”是一种德育理念，更多的是强调德育在整个体系内，从全员、全过程、全方位三个方面来调动德育各方面的力量，形成齐抓共管协同联动德育合力，构成一种时空融合、点面结合、立体形象的育人模式，是落实立德树人的最好体现。

（二）“三全育人”为落实立德树人提供有效路径

2020 年 9 月 22 日，习近平总书记在教育文化卫生体育领域专家代表座谈会上的讲话指出，要坚持社会主义办学方向，把立德树人作为教育的根本任务，发挥教育在培育和践行社会主义核心价值观中的重要作用，深化学校思想政治理论课改革创新，加强和改进学校体育美育，广泛开展劳动教育，发展素质教育，推进教育公平，促进学生德智体美劳全面发展，培养学生爱国情怀、社会责任感、创新精神、实践能力。“三全育人”整合学校各种资源、动员学校各类教育人员、汇聚各种教育力量，通过全员、全过程、全方位育人，构建了一种时空融合、点面结合、立体形象的育人模式，形成了素质教育的“大熔炉”。要沿用好办法，改进老办法，探索新办法，不断提高工作能力和水平。通过校内校外、课内课外、线上线下等方式方法，不断促进学生随时随地能得到德育，不断促进学生全面发展，培养成为真正的中国特色社会主义的合格建设者和接班人。此外，高校立身之本在于立德树人，而立德树人要解决的就是“培养什么人、怎样培养人、为谁培养人”这一根本问题。“三全育人”是坚持中国特色社会主义教育发展道路，落实立德树人根本任务的重要方法论，要求人人育人、时时育人、处处育人。“三全育人”是内在联系的科学整体，相互渗透、有机融合、协调发展，最终的目标都是落实立德树人根本任务。因此，“三全育人”为落实立德树人提供了有效路径。

三、“三全育人”是新时代新形势下高校本身德育工作的迫切需求

习近平总书记强调，高校立身之本在于立德树人。当前，国际形势复杂多变，改革开放进入“深水区”，许多深层次的社会矛盾逐渐暴露出来，不同思想文化交流交融交锋，以及互联网新媒体的迅速发展，给高校思想政治工作带来许多新挑战。面对这些新矛盾、新问题、新挑战，我们不能止步不前，更不能故步自封，而是要不断开拓新思路、创设新方法、凝聚新力量。推进“三全育人”有利于挖掘高校内部各环节、各方位的育人元素，聚焦学生思想政治素质，构建一个立体化、多时态、交互式的育人新格局。此外，我国正处于对社会主义现代化建设者和接班人的需求强烈期，对高校培养新时代人才和思想政治教育改革有了更高的要求。需要高校投入更多的精力去开展思政政治教育工作，加大投入力度，无论是人力物力财力还是时间上，都要求高校调动一切可以调动的力量，动员一切可以动员的人员，积极开展全员、全过程、全方位育人工作。因此，推进“三全育人”是新时代新形势下高校本身德育工作的迫切需求。

四、“三全育人”是新时代新形势下学生全面发展的积极探索

“三全育人”有三个地方需要把握：一是“全”，二是“育”，三是“人”。

其中“全”是关键，“育”是中心，“人”是根本。培养什么人，是教育的首要问题。大学阶段是学生专业知识的储备期，也是世界观、人生观、价值观塑造的拔节抽穗期，犹如水稻种植，既需育种、耕田、插秧，更需源头活水来浇灌，只有这样，才能最终成为“高产”“抗逆”的“超级稻”。

“三全育人”的“人”的落脚点是大学生，就是要把大学生培养成为价值观端正、知识丰富、能力全面的人，培养成为德智体美劳全面发展的社会主义建设者和接班人。培养价值观端正的大学生，高校必须成为坚持党的领导的坚强阵地，传承红色基因、赓续红色血脉，积极开展理想信念教育，践行社会主义核心价值观，塑造学生健全的人格、向善的人性和高尚的人品，引导他们用智慧和能力服务于国家、民族和人民，成为铸牢中华民族共同体意识、担当民族复兴重任的时代新人。

培养知识丰富的大学生，广大教师就要不断提升知识传授的宽度和广度，让学生用哲学的、科学的、艺术的、历史的等多种方式把握世界，不断提升他们对世界的认知水平。培养能力全面的学生，就要教育引导学生明白掌握知识的目的不是做“两脚书橱”，而是要激活知识，将知识转化为思想智慧、外化为行动能力，具备学习能力、思维能力、表达能力、实践能力、组织能力等综合素质。

在新形势下，当代大学应该不断学习，树立远大抱负，把握时代大势，提高分析问题、明辨是非和价值判断能力，成为一个具有家国情怀、为国效力的全面发展的社会主义建设者和接班人。

五、“三全育人”是新时代新形势下高校内涵建设的有效方式

教育是国之大计、党之大计。党的十八大明确提出“推动高等教育内涵式发展”。其对于全面提高高等教育质量，推动高校科学发展具有重要而深远的意义。党的十九大又提出“加快一流大学和一流学科建设，实现高等教育内涵式发展”。面对新的形势，高等教育要全面贯彻党的教育方针，继续深化改革创新，把高等教育的发展放在经济社会发展的大背景下去审视和思考，放在科学发展的大局中去谋划和推动，走质量提升为核心的内涵式发展道路。目前，高校内涵建设方面面临的情况主要有如下几种。

（1）重视粗放发展，忽略精细发展。发展有粗放和精细之分，粗放型的发展主要把发展的关注点汇集在标志性成果上，汇集在外在物体形态的改变上，汇集在最终目标的达成上；精细型发展是秉承“天下大事，必作于细”的原则，将学校中教学、德育、师生互动等作为学校改革与发展的关注重点，在事关学校发展的每项工作上都力求精雕细琢。

（2）质量跟不上规模的发展。与学校过多关注外延发展（也就是规模的不断扩大），而忽略质量的发展。内涵建设强调提升学校的办学质量，也就是提升

学校的“软实力”，把注意力集中在办学水平的不断提高上，使得规模与质量、效益达到有机的协调统一。

(3) 过多的同质发展，缺少特色发展。内涵发展也是一种特色发展，是学校管理者和教师树立起特色立校的基本理念，将办学特色放在学校改革与发展的突出地位，在特色的形成和品牌的培育中使学校上升到一个新的更高的水平。

(4) 习惯于模仿发展，不注重创新发展。内涵发展不是靠外力推动的，而是源于内部变革力量推动的一种发展，因而也就有了更多的创新的动力。正确地处理继承与创新的关系，创新与务实的关系，积极挖掘、利用、整合学校资源，将学校导入一种新的发展境地，是学校内涵发展的题中应有之义。

当前，面对新一轮科技革命的兴起，互联网等新技术不断重塑教育形态的全球化时代背景，高校必须登高望远、抢抓机遇、超前布局，加快推进教育现代化。

高等教育内涵式发展是构建教育体系现代化的重要着力点，这就要求高校摒弃育人老旧观念，积极探寻创新育人新模式。“三全育人”教育理念正是思想政治教育在理论与实践上的创新，对于新时代高校内涵式发展，提高育人效果有着十分重要的作用。

中国传统的教书育人，更多看重传授知识，忽略人的素养发展，重书上理论轻生活实践，重视身体健康忽略心理健康。而“三全育人”更多的是注重人的身心健康以及全面发展，是一种不断开放、不受人员限制、不受时空局限的育人模式。充分体现了隐性教育与显性教育相结合的特点。同时，“三全育人”改变了传统填鸭式教育模式，充分利用课内课外、线上线下等方式对学生进行育人和熏陶，让学生受的教育更加全面更加丰富也变得更有主动性和实效性。当然，“三全育人”体现了“人人育人、时时育人、处处育人、事事育人”，更好地对应新时代新形势下粗放与精细、规模与质量、平淡与特色、模仿与创新的高校内涵建设要求。所以说，“三全育人”是新时代新形势下高校内涵建设的有效方式。

第三章 高职院校“三全育人”的路径与载体

2017年12月6日，教育部发布的《高校思想政治工作质量提升工程实施纲要》指出，高校要以立德树人为根本，以理想信念教育为核心，以社会主义核心价值观为引领，以全面提高人才培养能力为关键，强化基础、突出重点、建立规范、落实责任，一体化构建内容完善、标准健全、运行科学、保障有力、成效显著的高校思想政治工作质量体系，形成全员、全过程、全方位育人格局，切实提高工作亲和力和针对性，着力培养德智体美劳全面发展的社会主义建设者和接班人，着力培养担当民族复兴大任的时代新人，不断开创新时代高校思想政治工作新局面。同时又指出，高校要推动全体教职员工把工作的重心和目标落在育人成效上，切实打通“三全育人”的“最后一公里”，形成可转化、可推广的一体化育人制度和模式。

2018年9月10日全国教育大会在北京召开，习近平总书记指出，要努力构建德智体美劳全面培养的教育体系，形成更高水平的人才培养体系。要把立德树人融入思想道德教育、文化知识教育、社会实践教育各环节，贯穿基础教育、职业教育、高等教育各领域，学科体系、教学体系、教材体系、管理体系要围绕这个目标来设计，教师要围绕这个目标来教，学生要围绕这个目标来学。

2019年2月13日，国务院发布的《国家职业教育改革实施方案》指出，职业教育是我国教育体系的重要部分，要落实好立德树人根本任务，健全德技并修，推进职业教育领域“三全育人”综合改革试点工作，使各类课程与思想政治理论课同向同行，努力实现职业技能和职业精神培养高度融合。

职业教育与普通教育是两种不同教育类型，具有同等重要地位。改革开放以来，职业教育为我国经济社会发展提供了有力的人才和智力支撑，现代职业教育体系框架全面建成，服务经济社会发展能力和社会吸引力不断增强，具备了基本实现现代化的诸多有利条件和良好工作基础。随着我国进入新的发展阶段，产业升级和经济结构调整不断加快，各行各业对技术技能人才的需求越来越紧迫，职业教育重要地位和作用越来越凸显。但是，与发达国家相比，与建设现代化经济体系、建设教育强国的要求相比，我国职业教育还存在着体系建设不够完善、职业技能实训基地建设有待加强、制度标准不够健全、企业参与办学的动力不足、有利于技术技能人才成长的配套政策尚待完善、办学和人才培养质量水平参差不齐等问题，到了必须下大力气抓好的时候。没有职业教育现代化就没有教育现代化。

2020 年 9 月 29 日，教育部等九部门印发《职业教育提质培优行动计划（2020—2023 年）》中提到，高职院校要落实立德树人根本任务，构建职业教育“三全育人”新格局。加强党委对学校思想政治工作的全面领导，落实全员全过程全方位育人，引导职业学校全面统筹各领域、各环节、各方面的育人资源和育人力量，教育引导青年学生增强爱党爱国意识，听党话、跟党走。引导专业课教师加强课程思政建设，将思政教育全面融入人才培养方案和专业课程。构建省校两级培训体系，建立辅导员职务职级“双线”晋升通道，推动辅导员专业化、职业化发展。加强中职德育工作队伍建设，办好中职学校班主任业务能力比赛。鼓励从企业中聘请劳动模范、技术能手、大国工匠、道德楷模担任兼职德育导师，建设一支阅历丰富、有亲和力、身正为范的兼职德育工作队伍。将党建和思想政治工作评价指标全面纳入学校事业发展规划、专业质量评价、人才项目评审、教学科研成果评估等。到 2023 年，培育 200 所左右“三全育人”典型学校，培育遴选 100 个左右名班主任工作室，遴选 100 个左右德育特色案例。

从以上政策的发布和实施来看，职业院校开展“三全育人”思想政治教育工作，成为建设国家职业教育制度体系和健全国家职业教育制度框架的重要内容。但是从全国的整体的职业教育情况来看，目前高职院校必须要改变办学理念落后、人才培养模式单一、理论与实践结合不紧密、校企合作不深入、学生综合素质偏低的现状，积极不断创新机制和人才培养模式，加大内涵建设促进学校高质量快速发展。而高职院校开展“三全育人”教育，既符合了国家对技能人才的需求，也顺应了职业教育时代发展的要求，解决了育人主体合力不足、育人过程不连贯、育人空间太狭窄、育人载体太单一的问题。

第一节 高职院校“三全育人”路径实现

一、全员育人的路径实现

（一）提高政治站位，加强党的领导，做好顶层设计

办好我国高等教育，必须坚持党的领导，牢牢掌握党对高校工作的领导权，使高校成为坚持党的领导的坚强阵地。党委要保证高校正确办学方向，掌握高校思想政治工作主导权，保证高校始终成为培养社会主义事业建设者和接班人的坚强阵地。各级党委要把高校思想政治工作摆在重要位置，加强领导和指导，形成

党委统一领导、各部门各方面齐抓共管的工作格局。习近平总书记强调，高校党委对学校工作实行全面领导，承担管党治党、办学治校主体责任，把方向、管大局、做决策、保落实。要加强高校党的基层组织建设，创新体制机制，改进工作方式，提高党的基层组织做思想政治工作能力。要做好在高校教师和学生中发展党员工作，加强党员队伍教育管理，使每个师生党员都做到在党爱党、在党言党、在党为党。

近年来，特别是扩招以后高职院校办学规模越来越大，学校教职工队伍也越来越庞大。高职院校“三全育人”涉及的育人主体、领域、环节、空间、过程也变得越复杂，育人工作特别容易出现中心不清楚、主线不明确、队伍太单一、制度不完善、考核不全面等问题。为了更好地开展育人工作，适应新时代新形势下的立德树人根本要求，高职院校必须要提高政治站位，坚持党的统一领导，做好顶层设计，从上而下，都有一整套的行之有效的指挥系统。充分发挥党委领导核心作用和基层党组织堡垒作用，建立健全各项机制，积极构建“大思政”育人管理体系。作为思想政治教育工作的第一责任人，高职院校党委书记必须在思想上高度重视，行动上敢于担当并做好表率作用。要树立通过做思想政治教育工作，提高学校凝聚力，提高育人工作热情，促进学校高质量快速发展，促进学生身心健康全面发展。同时，建立校领导班子成员“党政同责、一岗双责”机制，充分发挥领导班子成员作用。对思想政治教育工作的重大问题，各级党政负责人，必须要亲自过问，及时进行谋划和决策，积极组织和协调其他辅助部门配合参与到德育工作。学校党委必须要从全局的角度去考虑，把“三全育人”思想政治教育工作作为学校发展的重要工作，摆放在突出的位置，将“三全育人”思想政治教育工作计入学校整体发展规划和年度工作计划当中围绕立德树人的根本任务，加大经费投入、基础建设、人员部署、队伍建设等力度，确保“三全育人”思想政治教育工作能落地见效、开花芳香。

（二）构建联动机制，实现齐抓共管局面

以习近平同志为核心的党中央对职业教育的重视一以贯之。从党的十八大报告强调“加快发展现代职业教育”，到党的十九大报告强调“完善职业教育和培训体系，深化产教融合、校企合作”，再到党的二十大报告强调“统筹职业教育、高等教育、继续教育协同创新，推进职普融通、产教融合、科教融汇，优化职业教育类型定位”，不仅文字表述越来越丰富，而且战略定位越来越突出、实践要求越来越明确，这表明我们党对新时代职业教育改革发展的规律性认识越来越深入。在新时代的背景下，根据学生学习的阶段性特点和心理发展特征，特别是大学生的道德人格正处于发展完善阶段，高职院校及时积极地开展“三全育人”思想政治教育工作，紧紧围绕“育人”这个重要核心，不断丰富育人内涵、

完善育人机制、创新育人载体、充分依靠和动员所有育人力量，使育人队伍、育人时间、育人空间相互联系，形成“三维”育人联动，努力构建育人联动与共享机制。

新时代下的“三全育人”思想政治教育，是以系统配合、协调联动的观念开展大学生思想政治教育，完全契合习近平新时代中国特色社会主义思想对高校思想政治教育的要求，符合高校立德树人培养综合素质人才的要求，是实现教育强国的根本途径。高校“三全育人”联动机制是在高校范畴下的各个部分之间，即全员育人、全过程育人、全方位育人之间相互发挥作用的具体运行方式，这是一个动态的机制，体现的是教师和学生的能动作用，是一个生生不息、开放的、拥有反馈功能的系统。“三全育人”联动机制最终的目的是促进教育合力的实现，满足高校对学生价值的引领。

目前高职院校“三全育人”联动机制存在主要的问题是：

(1) 重视程度不够。育人意识没有深入师生，更对“三全育人”思想政治教育理念缺乏相应的宣传和系统的研究。

(2) 联动协同相对滞后。育人团队分工协作不明确，只有育人小团队，缺乏育人大团队理念。

(3) 联动机制运行效果有待提高，知行合一欠缺。课堂内容和形式有缺陷，理论与实践不能有效衔接。校内校外重视程度不一样，育人力度忽强忽弱。

(4) 组织保障落实不力。很多时候保障体系建立不健全，有政策无落实，有落实无跟踪，有跟踪无反馈考核总结。

以上问题导致“三全育人”思想政治教育工作容易出现表面化、形式化甚至娱乐化等现象，特别是“干与不干一张嘴，干多干少一个样，干好干坏一张纸”。

1. 育人主体上的“三方”联动参与

(1) 高职院校无论是党政干部、教师还是后勤服务人员等都要参与进育人工作，形成教职工之间互联互通、互帮互助、群策群力的局面，育人不再是某个人的事情，而是整个学校所有教职工的事情，人人有份，人人有责。

(2) 各职能部门、教辅部门、基层组织等都要参与进育人工作。不能只有教职工个人参与，而无部门、组织等参与。各部门、组织之间要形成上下联动，左右互动，共同配合齐心协力，充分形成齐抓共管育人局面。

(3) 建立家、校、社会联动机制，重点在搭建家校互动平台，形成学校与家庭联络和信息共享机制，实现学校与家庭共同育人。难点是产教融合，学生“走出去”与社会资源进校园。

2. 育人时间上的联动

(1) 入学时，促进大学生身份的转变，及时了解学生最新动态，做好课内课外的育人工作，让大学生尽快适应大学校园生活，充分感受学校的思想价值引领作用以及对他们的重视与关爱。

（2）指导学生做好上学期间与假期有效衔接，做好假期规划。以社会实践促进学生发展，将实践能力和社会责任感的培养与社会主义核心价值观的培养紧密结合，不断增强学生才干和社会服务意识。

（3）做好大学生创业就业教育。帮助大学生树立正确的创业就业观是高职院校育人的一项重要工作内容。教育部曾明确要求各地各高校要把思想政治教育作为促进就业创业的先导性工作，引导大学生树立正确的择业观，纠正唯金钱论的错误观点。

（4）加强主题教育活动，把握毕业季。毕业季学生的思想容易波动，容易出现找工作的焦虑、能否顺利毕业的担心、恋爱的抉择困惑等心理问题。抓住这个关键点，思想政治教育工作就有很明显的收获，甚至出现立竿见影的效果。

（5）做好毕业生离校教育。积极倡导毕业不是终点，而是人生旅途的又一个开始。鼓励学生勇敢面对未来，敢于克服眼前所遇的一切困难，积极谋划人生的职业生涯规划，做一个对社会有用之才。

3. 育人空间上的联动

（1）重视自上下各层次系统设计，抓好顶层设计。确保信息畅通无阻，无滞留无丢失；确保上行下效，上下能联动各尽其责开展实际育人工作。

（2）校内校外资源共享，融合联动。其中有校校合作、校企合作、校政合作、家校合作等，形成立体育人。把社会主义核心价值观深度融入高职学生的理想深处，让他们将自己的命运与国家命运紧密结合，成为大国工匠和高技能人才，为中国式现代化作出贡献。

（三）强化保障措施，完善考评机制

为了确保“三全育人”效果，围绕“育人”核心，激励所有教职工都能高效地参与到“三全育人”思想政治教育工作，必须要强化“三全育人”思想政治教育工作的保障措施，建立健全考评机制。考评的内容要有针对性，考评的过程要有公平公正性，考评的结果要有成效性：一是要建立过硬的考评队伍；二是要重点落在人员参与的覆盖面；三是育人联动是否能有效配合，达到齐抓共管效果。

（四）凝聚育人合力，构建奖惩机制

为了使制度更具权威性和信服力，必须要构建一套有效的奖惩制度，要让长期或者短期的考评结果与“利益相关集体”紧密挂钩。高职院校的“三全育人”

中的“全员育人”成效重点在每一位教职工和学生的积极参与，共同形成育人的合力。对于学生，注重奖励与惩罚相结合，更多侧重物质与精神的奖惩，将评价结果与其综合测评成绩挂钩，在评优评先、入团入党、社会实践等方面进行严格把控，树立育人正向趋势。面对教职工，要确保激励到位，点燃他们的教育热情。

2022 年，习近平总书记在中国人民大学考察时强调，“教育是一门‘仁而爱人’的事业，有爱才有责任”。唯有爱的教育，才是真教育、好教育、最有力量的教育，才能充分而有效地发挥其育人功能，更好地承担起传播知识、传播思想、传播真理，塑造灵魂、塑造生命、塑造新人的时代重任，使学生在亲师信道的过程中成长为具有大爱大德大情怀的时代新人。因此，对于在育人工作上全心全意真心真意尽心尽力的教职工，要及时进行激励，给予精神表彰和物质奖励。将考评结果与职称评定、评优评先、进修访学、提拔晋级、津贴补助等挂钩，激励教职工将更多精力投入到教书育人中。当然，对于在育人成效上差，甚至出现育人事故的教职工，要有配套的惩罚措施。最后，为了不让考评流于形式、奖惩成为摆设，高职院校有必要制定全员育人量化表格，既直接又客观全面，更具权威性和信服力。

二、全过程育人的实现路径

（一）重在过程可查，建立监控机制

全过程育人强调的是育人的全程性，涉及整个大学生涯。根据大学生成长的规律性和个体特性，学校一般都制有相应的德育计划，把思想政治教育贯穿到大学生的整个学习生涯。为了更好地围绕“育人核心”，坚持立德树人根本任务，高职院校有必要建立相应的育人监控服务机制。对教职工在开展相应的育人活动进行实时监控，确保学校能够及时准确全面地掌握育人工作的实施情况和实际成效，从而进行相应的调整，确保育人成效落地见效，符合学生所需求。比如，新生入学后，学生工作处和团委作为学生管理的主要机构，就要对各院系或者教师开展育人工作进行监控，同时也要对学生参与育人工作进行监控，确保新生入学的德育工作能顺利进行，并获得良好效果，也让新生能尽快转变角色及时适应大学生活。后勤、保卫等其他服务部门，也要履行相应的监督责任，自己既是育人工作的被监督者也是监督者，通过广大师生的信息反馈，确保能及时调整自己的服务水准，为学校创造一个好的育人环境。教务等部门，更要实时关注学生学习情况和思想政治教育的全过程，对学习异常情况进行及时预警。

目前，很多高职院校都建有智慧校园预警机制。此外，很多高职院校在进行内部质量保证体系诊断与改进工作时，也融入了“8 字形质量改进螺旋”结构(包含大循环和小循环)。

（二）重在差异化，建立个人档案管理

自古就有因材施教之说，说的就是每个学生的情况都不一样。新时代思想政治教育工作也应该要科学地根据学生特性的不同，提供不同类型的育人方式方法。大部分学生可能都有自己对德育的需求，比如有些学生对传统文化非常感兴趣，希望在整个大学生涯能接触更多的传统文化教育；有些学生对工匠精神感兴趣，希望能接触更多的工匠文化的熏陶，甚至希望能有更多的社会实践去体验工匠文化；有些学生对创业感兴趣，希望能有更多的实践课去初创企业走访学习等。这就需要高职院校要不断进行创新和改革，不断提升育人的亲和力和针对性，去提供多样化的德育选择。

新时代大学生的家庭成长环境和社会环境与过去大不一样，这几年比较火爆的词“元宇宙”不断出现在生活当中，甚至有些学校成立了“元宇宙学院”，所以大学生的成长充满差异性，无论是习惯养成、学习方式、思想道德、对社会问题的看待等都是明显的差异性，就像“一千个读者眼中就会有一千个哈姆雷特”一样。为了兼顾育人的阶段性和连贯性，充分考虑时间变化的不确定性，高职院校在大学三年的时间要形成系统的规划，针对不同阶段的学生制定不同的工作重点，开展不同的德育活动，并且要持续不断开展，达到既有差异化也有连续性的育人效果。要建立学生个人成长档案，可以开展适当的德育调查问卷，及时记录学生的成长过程和德育需求。充分依据学生个人档案，开展针对性更强的育人活动。做到精细化，不能搞大水漫灌式的德育工作。做到德育工作细化到人，细化到时间节点，细化到活动方式，细化到活动内容等，确保将学生成长与思想政治教育高度统一。

三、全方位育人的路径实现

（一）制定科学合理的育人目标

全方位育人为新时代高职院校思想政治教育工作提供了全新的育人理念，带来了全新的工作思路，也为高职院校在空间上有效开展育人工作指明了方向。全方位育人是一种立体化育人模式，它有一个明显的特征就是空间多维性。通常高职院校很容易抓不住重点，没能切合实际，容易将育人目标夸大提高，各项工作都重点抓，结果没有一项抓好，造成德育力不从心、智育马马虎虎、体育勉强合格、美育可有可无的局面。因此，高职院校一定要科学合理制订育人工作年度计划，在充分考虑学校整体目标规划的情况下，结合学校特色和学生实际情况，树立适合本校的育人目标，做到因事而化、因时而进、因势而新，切实提高育人效果和有效促进大学生健康成长与全面发展。

（二）打造良好育人环境

1. 每年加大基础设施建设的投入，不断更新和完善教育资源

育人活动的开展比较依赖现有场地的限制，加大基础设施建设，可以确保有更多的场地供教职工开展育人活动，供学生参加各种活动。特别是现在互联网发达，要求更多的活动场所能结合媒介设施要求，能体现出更多的科技元素与传统文化元素的结合。比如现在有很多高职院校都建有一站式服务大厅，让学生办理各项服务性事务和学习、实践都变得非常方便，这也充分体现了基础设施建设对育人工作的重要性。

2. 坚持依法治校

加强对校园环境的规范和管理，完善校园管理各项规章制度，确保校园环境井然有序。特别是现在校园网络环境是个需要十分注意的地方，目前国家每年网民人数不断增加，网络的监管容易出现“真空地带”。学生喜欢在网上随意发表言论，容易造成意识形态方面工作出现重大问题。因此，有必要加强网络环境的监管净化，积极弘扬社会正能量，树立社会主义核心价值观。

3. 做好宣传工作，抓好校园文化阵地建设

通过建设校史馆抓好校史教育，通过建设传统文化园落实传统文化进校园教育，结合党史学习教育开展形式多样的主题教育活动，积极践行社会主义核心价值观，营造高校风清气正的良好育人环境。

（三）改革与创新思想政治教育内容和载体

高职院校思想和政治教育工作的内容落后陈旧和育人载体单一一直饱受诟病，加之现在大学生的思维活跃，自我意识强，单纯的传统思想政治教育工作方式有点难以满足大学生的需求。因此，高职院校亟须与时俱进和改革创新，让思想政治教育工作的内容和载体更为丰富，贴近时代。

1. 创新教学内容，使教学内容更贴近社会发展、贴近职业要求、贴近学生需求

大学生的思维活跃但是思想还不稳固，非常容易受到外界影响而变得缺乏理性。针对学生的思想特点要多用鲜活生动的材料充实教学内容，多用典型案例，加强正面引导。材料选取上切忌不深不实、粗制滥造、过多过泛，确保材料取舍有理有据合理合情。同时优化课程体系，在坚持以思想政治理论课为重点的基础上，辅助开设大学生职业生涯规划、大学生军事理论教育、大学生心理健康教育、大学生安全教育等课程，拓宽学生接受思想政治教育内容范围，利于学生全面发展。

2. 改革创新传统教学方式，突出学生课堂主体地位

采取多种教学方法，培养学生综合思考问题的能力，比如案例教学法、翻转课堂教学法、创客教学法、话题式教学法、情境教学法、项目教学法、体验式教学法、角色扮演教学法等，一些学生容易接受的教学方法。

3. 创新育人手段

党的二十大报告中指出“推进职普融通、产教融合、科教融合”，这里的科教融汇是指科学技术、科学研究与教育教学的融汇。对于职业教育而言，推进科教融合，就是数字化赋能职业教育，就是要让先进的科学技术、科学研究为教育教学提供新思想、新技术、新素材，丰富教育内容，提高教学质量。高职院校要学会把新媒体等现代科学技术引入思想政治课，利用网络打造思政课资源共享平台，实现新媒体技术与高职院校思想政治教育的有效融合。在课堂当中，教师可以通过微视频、影片、课件展示等方式，把社会热点、焦点问题及时传递给学生，与教材互补融为一体，增强思想政治教育内容的深刻性，增强育人过程的感染力与说服力。同样，还可以通过微信公众号、易班等载体，丰富教育的形式，以学生喜闻乐见的形式，开展宣传教育；也可以通过智慧校园，提高学生网络思想政治教育参与度。通过校园网络平台，加大学生参与思想政治教育活动的宣传报道，点燃学生接受思想政治教育激情，保证育人的时效性和连续性。

（四）改进育人方式，打造育人内容多样性

1. 积极开展育人活动

积极开展育人活动，比如读书分享会、校友座谈会、技能大师学术讲座、教学名师空中课堂等。做好第一课堂和第二课堂的有机结合，充分发挥第二课堂育人优势。

2. 加大校外实践基地创建

通过校外实践基地、展览馆等育人载体，培养大学生志愿服务精神，加强大学生思想引领。习近平总书记曾指出，要重视和加强第二课堂建设，重视实践育人，坚持教育同生产劳动和社会实践相结合，广泛开展各类社会实践，让学生在亲身参与中认识国情、了解社会，受教育、长才干。通过将“校内小课堂”与“社会大课堂”互为补充融为一体，让大学生做到知行合一。

3. 通过科学合理的德育考核机制，加大反馈调控

这个环节不可或缺，没有好的考核机制，容易造成学生参与敷衍了事走过场，而不能获得准确全面的信息反馈，导致评估活动设计的意义和成效苍白无力。通过家校平台，利用家长电话、微信、微博、QQ 群等网络社交平台，经常与家长沟通交流，让家长及时了解学生动态情况，包括学习成绩、生活情况、身体状况、人际交往等。通过家校互通互联，共同商议学生培养方案，丰富育人内容。

第二节 高职院校“三全育人”载体呈现

习近平总书记在向世界职业技术教育发展大会致贺信中指出，各级党委和政府要高度重视技能人才工作，大力弘扬劳模精神、劳动精神、工匠精神，激励更多劳动者特别是青年一代走技能成才、技能报国之路，培养更多高技能人才和大国工匠，为全面建设社会主义现代化国家提供有力人才保障。加快建设国家战略人才力量，既要努力培养更多“大师、战略科学家、一流科技领军人才和创新团队、青年科技人才”，也要努力造就更多“卓越工程师、大国工匠、高技能人才”。高职院校承担着为中国特色社会主义培养合格建设者和接班人的任务，也承担着培养大国工匠和高技能人才的重任。就要充分发挥各种育人载体的优势，深入挖掘以课程、科研、实践、文化、网络、心理、管理、服务、资助、组织等为主要内容的“十大育人”体系，对在校大学生进行全方位教育与引导，并将立德树人贯穿融入其中，真正做到落细落实。同时，从另外一方面讲，育人工作不是简单的知识传授，而是要做到内化于心外化于行。既要注重教和学，也要重视习与行。《论语》的第一句话就是，子曰：“学而时习之，不亦乐乎？”说的就是学习后要经常实践所学的知识。因此，高职院校要高度重视搭建育人的载体与平台，使育人更具时效性和针对性。

一、以课程作为育人主要载体

党的十八大以来，以习近平同志为核心的党中央，高度重视高校思政工作，全面构建高校思政工作体系，紧紧抓住落实高校立德树人、铸魂育人根本任务的两个中心环节——思政课程建设和课程思政建设，提出了一系列新理念新思想新战略新举措。2016 年 12 月，习近平总书记在全国高校思想政治工作会议上强调，提升思想政治教育亲和力和针对性，满足学生成长发展需求和期待，其他各门课都要守好一段渠、种好责任田，使各类课程与思想政治理论课同向同行，形成协同效应。这充分说明，在以课程作为育人主要载体时，要深刻理解和掌握思政课程和课程思政这两个概念，使两者能相互配合与有机统一。

（一）不断推动思想政治理论课改革创新

2016 年 12 月，习近平总书记在全国高校思想政治工作会议上指出，要用好课堂教学这个主渠道，思想政治理论课要坚持在改进中加强。2019 年 3 月 18 日，习近平总书记在京主持召开学校思想政治理论课教师座谈会指出，办好思想政治理论课，最根本的是要全面贯彻党的教育方针，解决好培养什么人、怎样培养人、为谁培养人这个根本问题。新时代贯彻党的教育方针，要坚持马克思主义指导地位，贯彻习近平新时代中国特色社会主义思想，坚持社会主义办学方向，落实立德树人的根本任务，坚持教育为人民服务、为中国共产党治国理政服务、为巩固和发展中国特色社会主义制度服务、为改革开放和社会主义现代化建设服务，扎根中国大地办教育，同生产劳动和社会实践相结合，加快推进教育现代化、建设教育强国、办好人民满意的教育，努力培养担当民族复兴大任的时代新人，培养德智体美劳全面发展的社会主义建设者和接班人。

思想政治理论课是落实立德树人根本任务的关键课程。青少年阶段是人生的“拔节孕穗期”，最需要精心引导和栽培。我们办中国特色社会主义教育，就是要理直气壮开好思政课，用习近平新时代中国特色社会主义思想铸魂育人，引导学生增强中国特色社会主义道路自信、理论自信、制度自信、文化自信，厚植爱国主义情怀，把爱国情、强国志、报国行自觉融入坚持和发展中国特色社会主义事业、全面建成社会主义现代化强国、实现中华民族伟大复兴的奋斗之中。思政课作用不可替代，思政课教师队伍责任重大。

推动思想政治理论课改革创新，要不断增强思政课的思想性、理论性和亲和力、针对性。要坚持政治性和学理性相统一，以透彻的学理分析回应学生，以彻底的思想理论说服学生，用真理的强大力量引导学生。要坚持价值性和知识性相统一，寓价值观引导于知识传授之中。要坚持建设性和批判性相统一，传导主流意识形态，直面各种错误观点和思潮。要坚持理论性和实践性相统一，用科学理论培养人，重视思政课的实践性，把思政小课堂同社会大课堂结合起来，教育引导学生立鸿鹄志，做奋斗者。要坚持统一性和多样性相统一，落实教学目标、课程设置、教材使用、教学管理等方面的统一要求，又因地制宜、因时制宜、因材施教。要坚持主导性和主体性相统一，思政课教学离不开教师的主导，同时要加大对学生的认知规律和接受特点的研究，发挥学生主体性作用。要坚持灌输性和启发性相统一，注重启发性教育，引导学生发现问题、分析问题、思考问题，在不断启发中让学生水到渠成得出结论。要坚持显性教育和隐性教育相统一，挖掘其他课程和教学方式中蕴含的思想政治教育资源，实现全员、全过程、全方位育人。结合新时代育人工作要求，高职院校要加大思想政治理论课改革创新力度，不断深入推动习近平新时代中国特色社会主义思想进教材、进课堂、进头脑。

（二）全面推进课程思政建设

课程思政的发展历程，主要是在上海率先探索并最终形成理念，共经历了三个阶段：第一阶段是上海市于 2005 年先后出台了《上海市学生民族精神教育指导纲要》和《上海市中小学生生命教育指导纲要》，整体构建大中小学德育体系，提出“学科德育”理念，即把德育的核心内容有机分解到每一门课程中，充分体现每一门课程的育人功能、每一位老师的育人责任；第二阶段是 2010 年上海市承担国家教育体制改革试点项目“整体规划大中小学德育课程”，根据学生的不同阶段，开展德育课程一体化设计，重点是解决大中小学的德育课程知识简单重复、层次不分明、与学生身心发展不匹配等问题；第三阶段是 2014 年上海市委、市政府印发了《上海市教育综合改革方案（2014—2020 年）》，提出把培育和践行社会主义核心价值观融入整个教育体系，全面渗透到学校教育教学全过程。不能就思政课谈思政课建设，要抓住课程改革核心环节，充分发挥课堂教学在育人中的主渠道作用，把思想政治教育贯穿教育教学全过程，深入挖掘各类课程的思想政治教育资源，发挥所有课程的育人功能，落实全体教师育人职责。

2020 年 5 月，教育部印发的《高等学校课程思政建设指导纲要》中指出：“培养什么人、怎样培养人、为谁培养人是教育的根本问题，立德树人成效是检验高校一切工作的根本标准。落实立德树人根本任务，必须将价值塑造、知识传授和能力培养三者融为一体、不可割裂。全面推进课程思政建设，就是要寓价值观引导于知识传授和能力培养之中，帮助学生塑造正确的世界观、人生观、价值观，这是人才培养的应有之义，更是必备内容。”高等学校人才培养是育人和育才相统一的过程。建设高水平人才培养体系，必须将思想政治工作体系贯通其中，必须抓好课程思政建设，解决好专业教育和思政教育“两张皮”问题。

1. 抓住核心点

高职院校推进课程思政建设工作要围绕全面提高人才培养能力这个核心点，在所有学科专业全面推进，促使课程思政的理念形成广泛共识，广大教师开展课程思政建设的意识和能力全面提升，协同推进课程思政建设的体制机制基本健全。

2. 课程思政建设重要性

课程思政建设内容要紧紧围绕坚定学生理想信念，以爱党、爱国、爱社会主义、爱人民、爱集体为主线，围绕政治认同、家国情怀、文化素养、宪法法治意识、道德修养等重点优化课程思政内容供给，系统进行中国特色社会主义和中国梦教育、社会主义核心价值观教育、法治教育、劳动教育、心理健康教育、中华优秀传统文化教育。

（1）推进习近平新时代中国特色社会主义思想进教材、进课堂、进头脑。坚持不懈用习近平新时代中国特色社会主义思想铸魂育人，引导学生了解世情、国情、党情、民情，增强对党的创新理论的政治认同、思想认同、情感认同，坚定中国特色社会主义道路自信、理论自信、制度自信、文化自信。

（2）要培育和践行社会主义核心价值观。教育引导学生把国家、社会、公民的价值要求融为一体，提高个人的爱国、敬业、诚信、友善修养，自觉把小我融入大我，不断追求国家的富强、民主、文明、和谐和社会的自由、平等、公正、法治，将社会主义核心价值观内化为精神追求、外化为自觉行动。

（3）加强中华优秀传统文化教育。大力弘扬以爱国主义为核心的民族精神和以改革创新为核心的时代精神，教育引导学生深刻理解中华优秀传统文化中讲仁爱、重民本、守诚信、崇正义、尚和合、求大同的思想精华和时代价值，教育引导学生传承中华文脉，富有中国心、饱含中国情、充满中国味。

（4）深入开展宪法法治教育。教育引导学生学思践悟习近平总书记全面依法治国新理念、新思想、新战略，牢固树立法治观念，坚定走中国特色社会主义法治道路的理想和信念，深化对法治理念、法治原则、重要法律概念的认知，提高运用法治思维和法治方式维护自身权利、参与社会公共事务、化解矛盾纠纷的意识和能力。

（5）深化职业理想和职业道德教育。教育引导学生深刻理解并自觉实践各行业的职业精神和职业规范，增强职业责任感，培养遵纪守法、爱岗敬业、无私奉献、诚实守信、公道办事、开拓创新的职业品格和行为习惯。

3. 紧盯人才培养方案根本

高职院校要有针对性地修订人才培养方案，切实落实高职院校专业教学标准，构建科学合理的课程思政教学体系。要坚持学生中心、产出导向、持续改进，不断提升学生的课程学习体验、学习效果，坚决防止“贴标签”“两张皮”。

（1）抓好公共基础课程。要重点建设一批提高大学生思想道德修养、人文素质、科学精神、宪法法治意识、国家安全意识和认知能力的课程，注重在潜移默化中坚定学生理想信念、厚植爱国主义情怀、加强品德修养、增长知识见识、培养奋斗精神，提升学生综合素质。打造一批有特色的体育、美育类课程，帮助学生在体育锻炼中享受乐趣、增强体质、健全人格、锤炼意志，在美育教学中提升审美素养、陶冶情操、温润心灵、激发创造创新活力。

（2）抓牢专业教育课程。要根据不同学科专业的特色和优势，深入研究不同专业的育人目标，深度挖掘提炼专业知识体系中所蕴含的思想价值和精神内涵，科学合理拓展专业课程的广度、深度和温度，从课程所涉专业、行业、国家、国际、文化、历史等角度，增加课程的知识性、人文性，提升引领性、时代性和开放性。

（3）抓实实践类课程。专业实验实践课程，要注重学思结合、知行统一，增强学生勇于探索的创新精神、善于解决问题的实践能力。创新创业教育课程，要注重让学生“敢闯会创”，在亲身参与中增强创新精神、创造意识和创业能力。社会实践类课程，要注重教育和引导学生弘扬劳动精神，将“读万卷书”与“行万里路”相结合，扎根中国大地了解国情民情，在实践中增长智慧才干，在艰苦奋斗中锤炼意志品质。

4. 展望专业与企业共建

高职院校要结合高职专业分类和课程设置情况，分类推进课程思政建设。

（1）文学、历史学、哲学类专业课程。要在课程教学中帮助学生掌握马克思主义世界观和方法论，从历史与现实、理论与实践等维度深刻理解习近平新时代中国特色社会主义思想。要结合专业知识教育引导学生深刻理解社会主义核心价值观，自觉弘扬中华优秀传统文化、革命文化、社会主义先进文化。

（2）经济学、管理学、法学类专业课程。要在课程教学中坚持以马克思主义为指导，加快构建中国特色哲学社会科学学科体系、学术体系、话语体系。要帮助学生了解相关专业和行业领域的国家战略、法律法规和相关政策，引导学生深入社会实践、关注现实问题，培育学生经世济民、诚信服务、德法兼修的职业素养。

（3）工学类专业课程。要注重强化学生工程伦理教育，培养学生精益求精的大国工匠精神，激发学生科技报国的家国情怀和使命担当。

（4）艺术学类专业课程。要在课程教学中教育引导学生立足时代、扎根人民、深入生活，树立正确的艺术观和创作观。要坚持以美育人、以美化人，积极弘扬中华美育精神，引导学生自觉传承和弘扬中华优秀传统文化，全面提高学生的审美和人文素养，增强文化自信。

（三）抓好思政队伍建设

习近平总书记指出，办好思想政治理论课关键在教师，关键在发挥教师的积极性、主动性、创造性。全面推进课程思政建设，教师是关键，教师是人类灵魂的工程师，教师的育人意识和育人水平直接影响着课程思政的效果。思政课教师，要学会给学生心灵埋下真善美的种子，引导学生扣好人生第一粒扣子。新时代思政课老师要符合“六要求”，即政治要强、情怀要深、思维要新、视野要广、自律要严、人格要正。高职院校在为培养高素质、专业化思政课教师队伍搭建平台的同时，也要为专业课教师开展思政教育创造条件。支持将课程思政纳入教师岗前培训、在岗培训和师德师风、教学能力专题培训等。充分发挥教研室、教学团队、课程组等基层教学组织作用，建立课程思政集体教研制度。鼓励支持思政课教师与专业课教师合作教学教研，鼓励支持国家级教学名师、国家级技能大师、全国“五一劳动奖章”获得者等带头开展课程思政建设。

此外，高职院校要鼓励教师把教书和育人结合起来，除做传授课本知识的教书匠之外，也要成为塑造学生品格、品行、品位的“大先生”，牢固树立知识传授与价值引领同频共振的教学理念；以培育和弘扬社会主义核心价值观为主线，通过理论学习、党性教育、社会调研等多种方式，提高专业课教师的政治理论水平和人文素养，不断提升把思想政治工作贯穿教学全过程的能力；组建课程思政教学共建团队，形成课程思政专门化结对制度和常态化运行机制，由马克思主义学院思政课教师做专业课共建人，指导和帮助专业课教师深挖课程中蕴含的思政元素，共同经常性地开展主题实践、交流研讨、思政大讲堂等活动。

（四）完善思政课程和课程思政考核机制

人才培养效果是思想政治教育工作评价的首要标准。高职院校要建立健全多维度的思政课程和课程思政建设成效考核评价体系与监督检查机制，在各类考核评估评价工作和深化教育教学改革中落细落实。充分发挥各级各类教学指导委员会、学科评议组等专家组织作用，研究制订科学多元的思想政治教育工作评价标准。在“双高计划”评价、院系教学绩效考核等过程中，可以把思政课程和课程思政建设成效作为重要内容。把教师参与思政课程或课程思政建设情况和教学效果作为教师考核评价、岗位聘用、评优奖励、选拔培训的重要内容，促进思想政治教育工作不断向前发展。

二、以实践作为育人常用载体

习近平总书记曾多次勉励广大青年既要向书本学习，也要向实践学习。“实践”是西方哲学的一个核心概念，有着诸多的含义，经典的观点是主观见之于客观，主要包括生产实践（为满足人类生产而改造客观世界的能动性活动）、处理社会关系的实践（以调整和改革人与人之间的社会关系为目的的活动）和科学实践（科学地探索宇宙间普遍规律的有目的的能动性实践活动）三方面基本内容。马克思主义主要强调人的社会实践，强调实践的社会性。在恩格斯的自然哲学中揭示人的思想产生于劳动即人的主观意识产生于人的实践行为，同时人的主观意识反作用于客观存在。马克思有关劳动的教育和成人教育的思想里提到，“生产劳动同智育和体育相结合，它不仅是提高社会生产的一种方法，而且是造就全面发展的人的唯一方法”。

2012 年 1 月，教育部等七部门联合下发了《关于进一步加强高校实践育人工作的若干意见》（以下简称《意见》），明确指出进一步加强高校实践育人工作，是全面落实党的教育方针，把社会主义核心价值体系贯穿于国民教育全过程，深入实施素质教育，大力提高高等教育质量的必然要求。各高校要充分认识高校实践育人工作的重要性，把实践育人工作摆在人才培养的重要位置。《意见》还指出，实践教学是学校教学工作的重要组成部分，是深化课堂教学的重要环节，是学生获取、掌握知识的重要途径。结合高职院校办学特点，承担着培养大国工匠和高技能人才的重任，因此实践育人是一条非常重要并且适合高职院校提高育人效率的育人途径。

（一）加强对实践育人工作的组织领导

国家对实践育人非常重视，特别是出台了一系列的相关文件制度来指导高职院校开展实践育人工作。高职院校是职业教育实践育人的倡导者、组织者和实践者，理应紧紧跟随国家对职业教育要求，积极行动加强组织领导，加快研究具体贯彻落实方案，加快组建实践育人团队，加快建设协调联动机制，加快信息沟通机制建设，确保实践育人工作落地，确保实践育人成效发挥。目前，很多高职院校都已经出台了结合本校实践育人实际情况的实施方案，基本上已经将实践育人体系建设作为重点，明确实践育人的工作任务和各单位职责分工，逐步形成党委统一领导、部门（学院）分工负责、全员协同参与的运行机制。部分高职院校甚至出台了实践育人“1+N”系列制度，进一步强化组织领导、优化工作机制、完善保障措施。

（二）加强实践育人工作总体规划

国家层面已经对实践育人进行了统筹规划，高职院校针对实践育人可以做好符合本校实际的总体规划。实践育人的总体目标设计要经过充分研究和论证，可以对不同的参与主体所要承担的任务、目标等提出明确要求，对实践育人的效果同样可以提出明确要求。从制度上促进高职院校“三教”改革，用最适合学生实际的教学方法，传授给学生最新的、最能满足企业需要的知识、能力和素养，促进学生提升综合职业能力。

高职院校要坚持把社会主义核心价值体系融入实践育人工作全过程，把实践育人工作摆在人才培养的重要位置，纳入学校教学计划，系统设计实践育人教育教学体系，规定相应学时学分，合理增加实践课时，确保实践育人工作全面开展。实践教学、军事训练、社会实践活动作为实践育人的主要形式，要区分不同类型实践育人形式，制定具体工作规划，深入推动实践育人工作。

（三）加强实践育人队伍建设

高职院校所有教师都负有实践育人的重要责任，高职院校要制定完善教师实践育人的规定和政策，加大教师培训力度，不断提高教师实践育人水平。要主动聘用具有丰富实践经验的专业人才。要鼓励教师增加实践经历，参与产业化科研项目，积极选派相关专业教师到社会各部门进行挂职锻炼。要配齐配强实验室人员，提升实验教学水平。要统筹安排教师指导和参加学生社会实践活动。积极组织思想政治理论课教师、辅导员和团干部参加社会实践、挂职锻炼、学习考察等活动。教师承担实践育人工作要计算工作量，并纳入年度考核内容。

（四）加强实践育人基地建设

实践育人基地是开展实践育人工作的重要载体。为了充分发挥教师和学生的参与作用，高职院校要做好实践育人基地建设的谋划工作，促进和实现教师与学生是社会实践育人的融合。一是要做好与政府的政策对接，充分利用政策优势来加强与企业等社会团体的联系；二是要争取政府、企业等的支持力度，扩大保障。同时，高职院校要加强实验室、实习实训基地、实践教学共享平台建设，依托现有资源，重点建设一批国家级实验教学示范中心、国家大学生校外实践教育基地和实训基地。努力建设教学与科研紧密结合、学校与社会密切合作的实践教学基地，有条件的可以强化现场教学环节。基地建设可采取校所合作、校企联合、学校引进等方式，既可以“请进来”，也可以“走出去”。要依托高新技术产业开发区、大学科技园或其他园区，设立学生科技创业实习基地。要积极联系爱国主义教育基地和国防教育基地、城市社区、农村乡镇、工矿企业、驻军部队、社会服务机构等，建立多种形式的社会实践活动基地，力争每个高职院校、每个院系、每个专业都有相对固定的基地。

（五）加强实践育人形式改革创新

高职院校要丰富实践内容，加强创新实践形式，深入推进实践教学改革，推动专业课实践教学、社会实践活动、创新创业教育、军事训练等载体有机融合，形成实践育人统筹推进工作格局。

1. 强化实践教学环节

实践教学是学校教学工作的重要组成部分，是深化课堂教学的重要环节，是学生获取、掌握知识的重要途径。高职院校要结合专业特点和人才培养要求，分类制订实践教学标准，增加实践教学比重，积极组织学生参加企业技改、工艺创新等实践活动，积极组织教师编写一批优秀实验教材或者活页式教材，争取让思想政治理论课所有课程都要加强实践环节。

2. 深化实践教学方法改革

实践教学方法改革是推动实践教学改革和人才培养模式改革的关键。高职院校要把加强实践教学方法改革作为专业建设的重要内容，重点推行基于问题、基于项目、基于案例的教学方法和学习方法，加强综合性实践科目设计和应用。要加强大学生创新创业教育，支持学生开展研究性学习、创新性实验、创业计划和创业模拟活动。

3. 认真组织军事训练

组织学生进行军事训练，是实现人才培养目标不可缺少的重要环节。要把军事训练作为必修课，列入教学计划，军事技能训练时间为2~3周，实际训练时间不得少于 14 天。要通过开展军事训练，使学生掌握基本军事技能和军事理论，增强国防观念、国家安全意识，弘扬爱国主义、集体主义和革命英雄主义精神，培养艰苦奋斗、吃苦耐劳的作风。要积极争取解放军和武警部队对学生军事训练的大力支持，认真组织实施，增强军训实效。

4. 系统开展社会实践活动

社会调查、生产劳动、志愿服务、公益活动、科技发明和勤工助学等社会实践活动是实践育人的有效载体。高职院校要把组织开展社会实践活动与组织课堂教学摆在同等重要的位置，与专业学习、就业创业等结合起来，制订学生参加社会实践活动的年度计划。要求学生参加社会实践活动时间累计不少于两周，在校期间要至少参加一次社会调查，撰写一篇调查报告。要倡导和支持学生参加生产劳动、志愿服务和公益活动，鼓励学生在完成学业的同时参加勤工助学，支持学生开展科技发明活动。要抓住重大活动、重大事件、重要节庆日等契机和暑假、寒假时期，充分结合“互联网+”紧密围绕一个主题、集中一个时段，广泛开展特色鲜明的主题实践活动。

三、以文化作为育人长效载体

文化育人的核心内涵是以文化教育人，以文化影响人，从精神上塑造人，塑造有灵魂的人。简而言之，就是以文化人，以文育人。2016 年 11 月，习近平总书记指出，文化是一个国家、一个民族的灵魂。2017 年 10 月，在党的十九大报告中习近平总书记指出，文化兴国运兴，文化强民主强。2021 年 3 月，习近平总书记在参加十三届全国人大四次会议内蒙古代表团审议时指出，文化认同是最深层的认同，是民族团结之根，是民族和睦之魂。由此可见，文化是一个国家、一个民族重要的部分，有着不可或缺的作用，文化能丰富人们的思想以及道德滋养。因此，文化育人是思想政治教育工作的一条重要路径。

所谓文化育人，就是在遵循思想政治教育规律和大学生成长的规律下，以文化价值渗透的方式，将先进文化的价值渗透到人的灵魂深处，使之内化于心外化于行，从而实现文而化之的目的，促进人的全面发展；重点是充分发挥中华传统文化、革命文化和社会先进文化的引领作用与熏陶作用，提高文化自觉，增强文化自信。文化育人比较强调的是侧重隐性教育，注重精神成长和思想提升，常常体现的是春风化雨、润物无声的思想政治教育效果。它有着鲜明的价值取向，目前更多的是体现社会主义核心价值观。由于人才培养模式和目标的不同，高职院校在文化育人上做得普遍比本科院校效果要逊色一点。因此，高职院校要高度重视文化育人工作，要加强研究和创新，通过文化育人提高大学生的综合文化素养和职业技术素质。对高职院校来讲，校园是文化育人的主阵地，要特别重视根据自身特点来进行校园文化建设，符合学校发展，贴近专业发展，最终形成具有自身特色的文化育人理念。

（一）精神熏陶，发挥学校精神传统作用

每一所高职院校都有自己的校史校训校风校歌，都有自己的大学精神。这种精神体现的是学校的历史传统、办学理念、文化品位、特征面貌的一种精神文化形态，是全体师生所认同的价值观念体系和群体意识形态。凝聚了数代师生的共同努力和奋斗，是一所学校的精神标识，具有独特性、发展性和稳定性，是传统文化的一部分。高职院校要大力发挥大学精神力量，深挖精神元素，不断把大学精神融入思想政治教育的各项活动中。通过精神感召，让学生思想得到提升，不自觉地坚定理想信念和责任意识，主动融入中华民族伟大复兴中。

（二）优化校园环境，加大环境建设投入

优美的校园环境，给人一种如沐春风的感觉，展现着无处不在的人文熏陶和美的享受。一花一草一木，一山一水一楼都赋予了不同的人文意义，都可以给学生不同的思想政治、价值理念、道德情操、生活习惯的体验。高职院校要花大力气精心去建设自己的校园环境，既要有传统文化的体现，又要有社会主义先进文化的展现。一是要积极打造高品位校园精神文化，提升凝聚力和向心力；二是要加强基础设施建设，确保校园环境布局合理、清洁大方、安全有序、科技融合、富有特色，达到场地使用、审美、教育功能和谐统一；三是校园制度配套，既要有约束力也要有人文情怀。

（三）加强文化活动，塑造品牌建设

（1）推动中华优秀传统文化进校园，比如实施“中华经典诵读工程”“中国传统节日振兴工程”，开展“礼敬中华优秀传统文化”“戏曲进校园”等文化建设活动，引导高雅艺术、非物质文化、民族民间优秀文化走近师生。

（2）挖掘革命文化的育人内涵，实施“革命文化教育资源库建设工程”，开展“传承红色基因、担当复兴重任”主题教育活动，组织编排展演一批以革命先驱为原型的舞台剧、以革命精神为主题的歌舞音乐、以革命文化为内涵的网络作品；有效利用重大纪念日契机和重点文化基础设施开展革命文化教育。

（3）开展社会主义先进文化教育，开展高校师生社会主义核心价值观主题教育活动，推广展示一批社会主义核心价值观教育典型案例，选择宣传一批践行社会主义核心价值观先进典型。

（4）大力繁荣校园文化，创新校园文化品牌，挖掘校史校风校训校歌的教育作用，推进“一校一品”“一院一品”校园文化建设；支持师生原创歌剧、舞

蹈、音乐、影视等文艺精品扩大影响力和辐射力；广泛开展相关主题教育活动，推选展示一批校园文化建设优秀成果。

四、以网络作为育人新兴载体

党的十八大以来，网络阵地建设和网络宣传思想工作受到了党中央的高度重视，习近平总书记多次强调，要根据形势发展需要把网上舆论工作作为宣传思想工作的重中之重来抓。2015 年，中共中央办公厅、国务院办公厅印发了《关于进一步加强和改进新形势下高校宣传思想工作的意见》，强调要充分运用新型传播手段创新高校宣传思想工作，创新网络思想政治教育，开展高校校园网络文化建设专项试点工作。当今社会是互联网高度发达的社会，互联网已经深入人们生活的方方面面，可以说日常生活都离不开互联网，甚至很多学者都已经提出了物联网，即万物相连的互联网。同时，伴随着信息技术的快速发展，网络已经成为大学生获取知识和信息的一个重要渠道。2022 年 8 月 31 日，中国互联网络信息中心（CNNIC）在京发布第 50 次《中国互联网络发展状况统计报告》显示，截至 2022 年 6 月，我国网民规模为 10.51 亿人，互联网普及率达 74.4%。因此，网络育人已经成为高职院校思想政治教育工作的一个重要方面，也是最考验思想政治教育能力的一个指标。

网络育人，顾名思义是在网络意识形态教育的基础上，借助网络技术对网民进行思想政治教育。由于网络具有开放、虚拟、共享、不受时空限制等特点，所以网络育人具有隐蔽持续、平等相互、多样共享、自主选择和超时空性等特点，最重要的是它结果的不确定性，这个结果的不确定性是对网络育人效果的最大考验。高职院校要积极构建网络育人体系，搭建好网络教育平台，将思想政治教育工作的传统优势与现代信息技术融合，更好地去解决育人结果的不确定性。

（一）加强网络育人平台建设

高职院校要建设思想政治工作网，打造信息发布、工作交流和数据分析平台，加强思想政治工作信息管理系统共建与资源共享。在平台搭建上，一定要注意构建网络育人监管平台、活动平台和服务平台三大平台。最大力度发挥平台的思想价值引领、专业素养提升、业务办理便捷、文化传承、舆情监控和网络预警作用，确保平台建设能顺应时代发展需求。

（二）加强网络育人队伍建设

一支政治强、业务精、作风硬的网络工作队伍，是做好网络育人的重要组织保障。在互联网日益发达的今天，高职院校务必要高度重视网络育人队伍的建设，可以通过内培外招的方式进行打造。设立专门的网络管理中心，负责整个校园的网络运行和管理；组建网络育人专业队伍，负责网络育人的具体事务。这支专业队伍，可以是网络技术人才、思想政治理论课教师、辅导员或者团委、宣传部工作人员以及校内外专家学者和学生干部等。

五、以第二课堂作为育人重要载体

2016年12月7—8日，全国高校思想政治工作会议在北京举行。习近平总书记出席会议并指出，青年要成长为国家栋梁之材，既要读万卷书，又要行万里路。社会实践、社会活动以及校内各类学生社团活动是学生的第二课堂，对拓展学生眼界和能力、充实学生社会体验和丰富学生生活十分有益。从广义角度来说，第二课堂是指学生除了课堂教学（第一课堂）之外从事的一切活动；从狭义角度来讲，第二课堂相较第一课堂的知识学习更加侧重素质教育与实践锻炼的活动。有学者认为，第二课堂是指在课堂教学以外的时间，学生在教师的指导下所进行的旨在加深基础知识，扩大知识领域，开阔视野，发展科技、文体、艺术等方面的兴趣和才能，培养独立工作和创造能力，提高思想品德和综合素质的实践创新活动。由此可见，第二课堂育人已经成为高职院校“三全育人”一个重要组成部分，也是高职院校育人工作的一个主要阵地。推进第二课堂建设，是构建“三全育人”工作新格局、落实立德树人根本任务的重要一环，也是深化职业教育改革、推动基层共青团改革的内在要求，对于促进新时代高职院校思想政治理论课改革创新、培养德智体美劳全面发展的社会主义建设者和接班人，具有重要意义。

（一）目前高职院校在第二课堂育人方面存在的主要问题或者面临的挑战

1. 联动协调少，过多追求活动的规模，容易泛滥

活动喜欢搞得多、声势大，忽视质量、效果。在活动组织与推进过程中的力量整合方面，过分依赖学生工作部门或者学生组织，容易造成第二课堂的参与群体过于单一，各自为政、相互配合少时常发生。同时第二课堂与第一课堂的衔接脱节，喜欢强调第二课堂内容与思想的独立性，缺少深入融合，主观忽视与第一课堂的相关性。

2. 应付式完成，不关心学生需求

第二课堂活动的开展普遍存在“教育主体性”关注度不够的问题，大部分都是“上传下达”式开展活动，以活动来应付文件，以活动来完成上级检查，具有明显的政治性，忽略学生的主体性，活动内容无法满足学生需求，第二课堂与教育主体第一课堂的专业学习、理论学习等内容脱节，讲授的内容学生不感兴趣，无法激发大学生主动参与第二课堂的积极性与能动性。尤其在新时代社会高

速发展的时候，学生对知识不同的需求越来越个性化，希望能得到更为多样性的德育熏陶。

3. 形式化严重

政治性、思想性和时代性是第二课堂活动的重要特点，思想政治教育是其最终目的。为充分发挥第二课堂的育人效果，弘扬时代主题，必须深化内涵建设，找准活动定位，挖掘内在价值，切实发挥第二课堂的育人成效。但是高职院校在第二课堂活动的开展中过多依赖学生组织与社团协会等。为了追求参与度，容易存在形式主义、泛娱乐化、内涵空心化等现象，仅仅是为了办活动而办活动。简单地理解，游戏是活动中的主要指标，造成活动过程中存在游戏过多、互动方式简单、深入交流缺少等问题，忽视了第二课堂的知识教育、价值引领和道德建设作用。

（二）构建第一课堂与第二课堂协同育人机制

高职院校要充分认识到第二课堂与第一课堂是一个完整的教育整体，二者相互配合，相互促进，协同联动形成教育合力，同时第二课堂是第一课堂的延续和补充。相比第一课堂，第二课堂形式多样，内容丰富，具有人员覆盖面广、针对性强等特点。因此，高职院校要积极构建第一课堂与第二课堂协同育人机制，搭建多层次、立体化、全天候育人平台，提高育人效应。

1. 突出思想政治引领，注重理想信念教育

党的十九大报告指出：“青年一代有理想、有担当，国家就有前途，民族就有希望。”理想信念是青年学生思想行动的“总开关”。第二课堂是高职院校培养德智体美劳全面发展时代新人的重要载体，要坚持在活动中融入理想信念、社会主义核心价值观、文化教育等内容，把加强理想信念教育摆在首位，突出思想政治引领，切实担负起为党育人、为国育才，培养担当民族复兴大任的时代新人的使命。

2. 加强队伍建设，强化协同育人

一支业务精良、作风过硬的育人队伍，能起到事半功倍的育人效果。通常思想政治教育理论课教师队伍、教育行政人员队伍、辅导员队伍等工作职责、工作内容有所区别，但最终目标都是育人。高职院校要充分发挥不同队伍优势与特点，构成育人一股合力。积极打造由思政教育专家、辅导员、学生团队组成，各参与主体相互协作、优势互补的思想政治教育团队。将思政教育专家的理论优势、辅导员的实践优势、学生社团的创新优势充分展现出来，为学生德育需求多样性提供解决方案。

3. 用好“第二课堂成绩单”，强化价值引领

2016年，共青团中央、教育部联合印发的《高校共青团改革实施方案》中

指出，在引导青年学生坚持学业为主的同时，针对学生就业创业、创新创造实践、身体心理情感、志愿公益和社会参与等普遍需求，借鉴第一课堂的做法，加强与学校相关部门、政府有关职能部门以及社会机构合作，普遍推行高校共青团“第二课堂成绩单”制度，推动工作的规范化、课程化、制度化。从工作内容、项目供给、评价机制等方面进行系统设计和整合拓展，客观记录、认证学生参与第二课堂活动的经历和成果，促进“第二课堂成绩单”作为大学生在校期间评优、专升本、入团入党以及用人单位选人用人等的重要依据，引导青年学生强化自我教育、自我管理、自我服务，在广泛参与社会实践中收获知识、增长见识、锤炼本领。

4. 建立评价机制，增强育人成效

（1）建立育人成效评估机制。通过采取教师评价、学生自评、小组内评、分组互评的综合评价方式，对学生参与第二课堂的活跃度、积极性，以及由此获得的能力素质提升，进行多角度评价、全过程评估、综合性衡量。建立第二课堂与第一课堂的学分关联、转化机制，为青年学生自主学习、培养兴趣、发挥特长、个性发展提供政策支持，切实增强第二课堂的育人成效。

（2）通过建立成绩记录考评办法、育人效果评估机制和“三全育人”成效考评机制，对学生参与第二课堂的效果和教师的育人效果进行综合评判、及时反馈，形成教学过程的闭环。

（3）完善学生成绩记录考评办法。建立科学、公平、合理的评价标准，完善各类项目、活动的管理办法，采用过程评价、结果评价、综合评价等评价方法，依托数据信息系统完成课程项目的发布、管理和评估，系统、全面、真实地呈现青年学生参加第二课堂的过程、轨迹和实际效果，为全员、全过程、全方位育人提供参考依据。

六、以家庭环境作为育人基础载体

2016年12月，习近平总书记在全国高校思想政治工作会议上指出，办好教育事业，家庭、学校、政府、社会都有责任。家庭是人生的第一所学校，家长是孩子的第一任老师，要给孩子讲好“人生第一课”，帮助扣好人生第一粒扣子。教育、妇联等部门要统筹协调社会资源支持服务家庭教育。人们常说，家是最小国，国是千万家。家庭是社会的最基本组成单位，是一种在婚姻关系、血缘关系基础上结合起来，能够满足人们多方面需要的初级社会群体，是人们生存过程中最早、最直接的微观社会环境。家庭环境是指以家庭这一社会群体为核心的物质条件和精神条件的总和。通常家庭环境有软环境、硬环境、内环境和外环境四部分，它们对于一个人的一生有至关重要的影响。软环境指家庭的心理道德环境，包括家庭结构和教养方式；硬环境主要指家庭中可以用量化指标来评判和衡量的环境因素，包括家庭资源、父母文化水平和职业状况；家庭内环境指自己家里的人或事，不被外人容易获知；外环境是指家庭外的，如家庭的周围环境、周围人群情况、外部活动场所、外部人际关系。

人一出生就生活在不同的家庭里，不同的家庭有不同的家庭环境，不同的家庭环境造就不同的人的性格和思维方式，最终形成不同世界观、价值观、人生观。所以说家庭环境不仅是一个人成长成才的基础，更是育人的基础载体。中华民族历来注重家庭、家教、家风，流传下来了很多有名的家训，重视家庭环境对人的个人修为和理想信念的影响，有修身齐家治国平天下之说。

在传统教育中，非常重视学校和教师的作用，常忽视家庭环境的教育力量。特别是目前高职院校面对的生源很多来自乡村，他们很多都曾经是留守儿童或者家庭经济不够富裕，家庭教育缺失较普遍。因此，高职院校一定要格外重视家庭环境所提供的育人力量，要积极地让家长参与到学生的德育工作来，为学生健康成长打下坚实基础。主要措施如下。

(1) 成立家长委员会。通过家长委员会，学校能及时将学生在校情况跟家长沟通交流，并将学生的诉求及时地解决，形成良性育人效果。当然，推选家长委员会成员，各学校可以根据自己的实际情况而定。家长委员会必须要做好桥梁作用，能组织家长在线交流，能把家庭和学校的意见相互传达，能确保家庭教育和学校教育有机融合、相互促进，促进学生健康成长和全面发展。

(2) 举办多种形式的家校互动会。开展的方式可以采取线上线下结合，也可以校内校外融合。比如开展亲子教育专题讲座、心理健康专题教育等，主要是培养家长科学的育子观念，提高家长的育人能力和技巧，形成良好的家、校、生三方互动局面，切实提高育人效果。

第二部分

“三全育人”案例分析

第四章　课程育人案例

第一节　引领学生全面发展：新时代职业教育“五维”融合课堂教学实践

——以“液压与气动技术技能实训”课程为例

广西机电职业技术学院机械工程学院根据学校“三全育人”工作安排，积极开展以“课程思政”为目标的课堂教学改革，各专业深挖专业课程所蕴含的思想政治教育元素和所承载的思想政治教育功能融入课堂教学各环节，实现思想政治教育与知识体系教育的有机统一，扎实落实立德树人根本任务。案例以“液压与气动技术技能实训”课程开展“引领学生全面发展：新时代职业教育‘五维’融合课堂教学实践”为主体，以任务“推土机推土板垂直升降液压系统”教学过程为例进行分享。

课程活页式教材采用“工作任务书+活页笔记+功能插页+工作训练+数字化资源”的新型架构，活页、引导形式的工作任务贯穿整个教学过程，课程实施围绕以学生为中心，学思结合，体现“以学生发展为中心”的理念。坚守立德树人根本任务，以中国企业及人民抗疫事迹和精神践行社会主义核心价值观，贯彻思政导向，实现将知识与技能、过程与方法、情感态度与价值观融为一体的教学目标，达到专业课程与思政课程协同育人的效果。

一、“液压与气动技术技能实训”课程教学过程实施

“液压与气动技术技能实训”课程中以“推土机推土板垂直升降液压系统”项目为教学任务的具体实施过程如下。

（一）课前环节

1. 教师活动

利用机电云课堂推送课前任务，其步骤如下。

（1）发布任务。

1）工作任务描述。2020 年，随着新冠疫情在武汉蔓延，中国政府当机立断，建设火神山医院和雷神山医院，其中火神山医院 10 天建成。国家有难，义

不容辞，在这场全民抗“疫”之中，各工程机械民族企业勇于担当，挑起民族大任、挺起民族脊梁，及时无偿地组织当地可用设备和机手随时待命，积极投身到援建医院的工程当中。此次，国产工程机械设备发挥了主要作用，用名副其实的“中国制造”打造了令人惊叹的“中国速度”。液压传动系统作为众多工程机械设备的核心技术，保障了设备优良的性能和稳定、高效的作业状态。本节就以在援建时发挥重要作用的推土机推土板垂直升降液压系统原理为例，利用仿真软件建模、仿真，了解其工作特性，并利用试验台搭建回路，加深理解液压系统工作原理、组成部分和应用。

2）查看相关资料：

①系统的工作过程分析；

②仿真软件的正确使用方法；

③液压试验台的使用方法和注意事项。

3）形成个人学习记录和小组工作计划。某推土机推土板垂直升降液压系统原理图如图4-1所示。

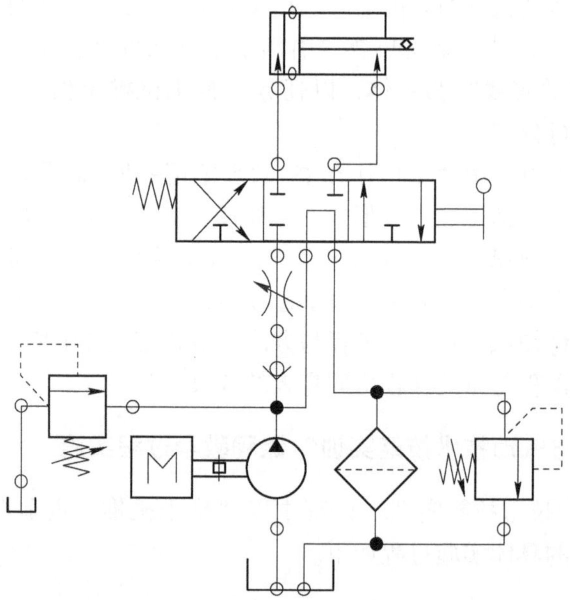

图4-1 某推土机推土板垂直升降液压系统原理图

4）小组分组说明。组长负责统筹组织整个任务过程，技术员负责任务过程的操作，记录员负责过程记录工作，汇报员负责在分享信息时进行讲解汇报，观察员负责观察、总结过程中忽略的问题和组员工作效率问题和任务完成度等工作，资料员负责收集各类信息。

（2）教师审阅。教师查看各组的报告，发现学生在课前任务中的共性问题和不足，同时了解学生对任务的掌握情况。

2. 学生活动

（1）利用机电云课堂接收课前任务，学习委员根据班级人数分组，组长根据岗位情况对任务进行分工。小组信息表见表4-1。

表4-1　小组信息表

小组信息					
班级名称		日期		指导教师	
小组名称		组长姓名		联系方式	
岗位分工	技术员	记录员	汇报员	观察员	资料员
组员姓名					

（2）各组员团结协作，完成课前任务，并按照时间要求及时上传小组工作计划。

（3）结合理论课知识，根据工作任务描述分析任务，并完成具体任务和制定工作任务书。

1）任务分析。工作任务是通过分析推土机推土板液压升降系统工作过程，利用软件对液压系统进行建模、仿真，并利用试验台搭建回路，了解液压系统工作特性，加深理解液压系统的工作原理、组成部分及应用。

2）任务实施。

引导问题1：查阅相关资料，了解在2020年春火神山医院、雷神山医院建设中出现了哪些中国工程机械企业，哪些设备起到了举足轻重的作用？

引导问题2：这些设备中的工作装置主要以什么方式传动实现工作，液压传动系统在其中起到什么作用，并了解其国内外的发展现状。

引导问题3：推土板液压升降系统中的液压泵属于什么元件，在液压系统中起到什么作用？

引导问题4：推土板液压升降系统中哪个元件控制推土板升降，属于什么元件，画出其图形符号。

引导问题5：推土板液压升降系统中哪个元件可以调节推土板升降速度，属于什么元件，画出其图形符号。

3）工作计划。制订工作计划时要遵循分工清晰、全员参与和以完成任务为目的的原则。同时，要兼顾操作过程中可能出现的安全问题，并进行5S管理。

提示：

①列出本次工作任务中所用到的设备；

②制定工作流程，完成工作计划流程见表4-2，发送给指导教师审阅。

表 4-2 工作计划流程表

工作计划流程表					
实训所需器材、元件	序号	名称	符号	数量	备注
	1				
	2				
	⋮				
工作计划	序号	工作步骤	预计达成目标	责任人	备注
	1				
	2				
	⋮				

（4）建立小组互评制度，两小组之间对工作计划进行互评，提出意见和建议。

（5）整理课前任务中存在的疑惑。

3. 设计意图

（1）知识积累。分析推土机推土板垂直升降液压系统原理和引导问题 3～5，使学生巩固液压系统的组成部分和工作原理。

（2）能力培养。在课前任务中利用分组，培养学生执行力和团队协作能力；以小组形式形成工作任务报告，语言组织能力；工作计划可以自行制订，培养学生发散思维和创新能力。

（3）掌握方法。通过自行查询资料，理解和掌握仿真软件和液压试验台的规范操作方法。

（4）情感培养。通过抗疫案例，学生了解了液压传动在工程机械设备中的应用，激发了学习兴趣，并更加热爱专业、热爱工作，同时感受到作为中国人的幸福和自豪；激发学生的爱岗、爱国、爱党情感态度。

（5）价值引导。通过抗疫案例，中国企业的担当和奉献精神开始根植于学生内心，激发学生为实现制造业强国战略服务的意志，以及振兴中华的使命感与责任感；学生整理课前学习疑惑和实行互评制度，引导学生形成思、辩思维方式，同时培养学生公平、诚信的社会主义核心价值观。

（二）课中环节

1. 教师活动

（1）教师明确课程教学目标。教师再次对工作任务进行描述，引入课程教学，同时强调课程目标。

1）知识目标：巩固理解液压系统的工作原理、组成、工作特性和应用。

2）能力目标：能正确使用软件搭建回路并仿真；能利用试验台规范搭建回路并动作；提升创新能力、团结协作能力、沟通能力。

3）方法目标：掌握正确使用仿真软件方法；掌握安全、规范使用试验台的操作方法。

4）情感态度：热爱专业、热爱工作，作为中国人感到幸福自豪。

5）价值观：爱国、敬业、公平、诚信，具有社会责任感。

（2）教师解决学生反馈问题：

1）实训室管理办法和安全注意事项；

2）对课前任务中的共性问题和进行引导；

3）对2~3个小组成果分享进行现场指导和分析；

4）教师对仿真软件正确使用进行引导。

（3）教师随时观察、记录学生的表现。

（4）教师根据问题反思和质量控制情况进行引导，并进行课堂总结。

2. 学生活动

（1）优化决策。各小组根据教师反馈进行讨论分析，完善工作方案。

（2）具体实施。各小组严格按照分工开展工作，全员参与，操作应规范、安全。

1）推土机推土板液压升降系统搭建与仿真。各小组根据教师的指导，利用仿真软件搭建回路并进行模拟仿真，分析和理解液压系统传动工作原理。

提示：

①注意软件的规范操作，正确搭建回路并仿真；

②注意换向阀图形符号的正确选择；

③改变节流阀开度，观察液压缸的运动变化。

2）利用试验台搭建回路。根据设计方案，查找相应的元器件，对回路进行实物搭建演示。熟悉液压试验台的规范操作。

3）成果分享。随机抽取2~3个小组分别展示和讲解各自任务完成的情况，讨论工作过程中出现的问题。针对问题，指导教师及时进行现场指导和分析。

4）问题反思。

引导问题6：各小组搭建的回路是否能正常仿真，遇到了哪些问题。

引导问题7：利用试验台搭建回路时，是否做到了5S管理，还有哪些不足。

引导问题8：各小组成员是否做到了各尽其职，是否出现了争吵，如果疫情期间援建医院时出现沟通不畅、配合不当、偷懒等情况，援建任务能否顺利完成，在工作中应该注意哪些问题。

（3）质量控制。

引导问题9：利用软件建模仿真时，各元件如何连接起来，如何控制换向阀，实现液压缸换向运动。

引导问题 10：总结利用试验台搭建回路时注意事项。

引导问题 11：作为新时代工程技术人员，应该具备哪些能力和素养。

3. 设计意图

（1）知识积累。引导学生正确使用软件，培养学生对新技术、新知识的渴望。

（2）能力培养。能正确使用软件搭建回路并仿真；能利用试验台规范搭建回路并动作；利用引导问题 7 锻炼学生的 5S 管理能力，为职业道德的建立打下基础；通过汇报，锻炼语言组织和表达能力；实施过程中组员各司其职，有思考、有沟通、有配合，提升学生的学习能力、思考能力、团结协作能力、沟通能力。

（3）掌握方法。利用引导问题 6、引导问题 9 和引导问题 10，了解学生对仿真软件和试验台规范操作方法掌握。

（4）情感培养。组员各司其职、全员参与，培养学生和谐、友爱、团结的情感态度。要求严格按照规范操作，培养严谨求实、一丝不苟的工匠精神以及踏实认真的工作态度和求实的科学态度。

（5）价值引导。工作任务描述，引入教学主题，进一步明确课程内容。激发学习兴趣，同时培养学生对社会问题的关注度，激发其社会责任感；通过引导问题 8 和引导问题 11 能引导学生提升社会责任感，能够爱国、敬业。

（三）课后环节

1. 教师活动

利用机电云课堂推送课后任务：

（1）查询资料，了解目前工程机械的国内生产厂家，其中广西有哪些；

（2）查询资料，了解目前国内生产各种液压元件的厂家有哪些（至少三家）。

2. 学生活动

利用云课堂接收课后任务，并按照时间要求及时上传个人报告。

3. 设计意图

课后任务与课前、课中相互呼应，再次引领学生全面发展，同时树立服务广西经济意识。工作任务中蕴含了液压系统组成部分的考核，巩固所学知识，也实现了“五维”融合的教学目标。

（四）教学反思

大部分同学都能够达成目标，课堂参与度较高，教学过程体现了以学生为中心，但是少数同学学习习惯较差，自信心不足。在今后的教学中，要注意分层分类教学，基础薄弱的学生，学会模仿并且能够自主完成任务；基础较好的学生，加强自主创新设计和优化。同时大部分学生对于语言组织和文字表达不够擅长，在今后课堂中继续坚持该授课方式，提高学生该方面的能力。整个教学设计虽然实现了“五维”融合教学过程和目标，但是还需要持续观察学生的改变，才能促进学生不断成长，实现“以学生发展为中心”的理念。

二、“推土机推土板垂直升降液压系统”项目教学实施过程现场

“推土机推土板垂直升降液压系统”项目教学实施过程现场如图 4-2～图 4-5 所示。

图 4-2　实训前进行操作说明和要求

图 4-3　学生进行实操练习

图 4-4 讲解实训要求

图 4-5 指导学生进行实操

三、“推土机推土板垂直升降液压系统”项目教学实施考核评价

评价主体包含学生自评、学生互评和教师评价，评价内容包含知识、能力、方法、情感态度，同时注重正确价值观培养。评价体系的构建体现综合评价，重视学生的参与并发挥其主动性，重视对学生激励、导向、改进和调控功能。课程

利用任务书的工作笔记实现活页考评，实现过程性评价，促进学生进行自我能力养成的规划和调节，展示学生能力全面性和发展性，体现“以学生发展为中心”的理念。在价值引领方面增加问卷调查环节，了解课程思政内容是否入脑入心，同时也体现了学生对教学的评价。涉及考核的内容见表 4-3 和表 4-4。

表 4-3　考核评价表

姓名		学号		班级		日期	
序号	考核项目	自我评价 15%		小组评价 45%		教师评价 40%	汇总
知识目标考核项目	能说出液压传动系统工作原理						
	能说出液压传动系统组成部分						
	能正确说出回路中各元器件的名称和作用						
能力目标考核项目	仿真软件的熟练程度						
	能独立利用试验台搭建回路						
方法目标考核项目	能规范操作仿真软件						
	能否独立、规范利用试验台完成回路搭建						
	能否做好 5S 管理						
情感态度考核项目	遵守安全操作规范						
	遵守纪律，团结友爱						
	态度端正，工作认真						
合计							

价值引领

序号	问题	选项 A	选项 B	选项 C	备注
1	你是否常常以作为中国人而感到骄傲？	会	不会	没有想过	

续表 4-3

序号	问题	选项 A	选项 B	选项 C	备注
2	如果你在抗“疫”企业工作，是否会主动申请加入抗“疫”一线？	会	不会	不清楚	
3	你是否了解中国制造 2025 中提出的“三步走”实现制造强国的战略目标？	了解	不了解	了解一些	
4	你是否觉得国外品牌产品质量普遍比国产产品好？	是	不是	不清楚	
5	你觉得此案例的引入对你有触动吗？	有	没有	不关注	
6	你是否对民族企业的责任担当有所了解？	了解	不了解	了解一些	
7	你认为作为技术人员，是否要有家国情怀、爱岗敬业精神？	是	否	不清楚	
8	你是否觉得自己的表现比之前有所进步？	是	否	不清楚	
总分及点评					

表 4-4 任务完成统计表

项目	各任务完成情况			备注
	自我	小组	教师	
任务一				
任务二				
⋮				

第二节　以“三融”思路推进课程思政建设的探索与实践
——广西机电职业技术学院交通工程学院课程育人典型案例

广西机电职业技术学院交通工程学院在开展课程育人改革创新过程中，始终站在“专业层面课程思政”的视域下，将企业工作岗位行动领域的思政标准有效转化为专业学习领域的思政内容，形成专业层面的课程思政体系，并以“融什么、融到哪、怎么融”为核心目标，指导开展每门课程的课程思政建设与实践。本节以“新能源汽车电池及管理系统检修”课程为例，介绍交通工程学院以“三融”思路推进单门课程的课程思政建设以达到课程育人目标的实践过程。

一、课程思政建设背景

广西机电职业技术学院（以下简称学校）作为一所工科类高职院校，有着深厚的“机”“电”办学底蕴，交通工程学院（以下简称二级学院）本着资源共享、优势互补的原则，从“高水平专业群”建设的视角，将二级学院的汽车类专业人才培养定位适当前移（利用“机”与“电”的办学底蕴服务于汽车制造行业，同时又兼顾汽车维修行业），为作为广西千亿元产业之一的汽车产业培养高素质工匠型人才。学校汽车类专业群基于对汽车制造企业、汽车维修企业用人标准的深入调研，分析提炼出了专业技能以外的其他用人要求，把这些要求定位为行动领域的思政标准，并将它们有效转化成了学习领域融入专业课程体系的思政内容，然后在“专业层面课程思政”的视域下，将整个专业的思政内容合理分配到各门课程，形成专业的课程思政体系，从而确保了专业层面的课程思政无死角、不重复。

二、课程思政设计思路

在明确了专业层面的课程思政体系后，对于单门课程的课程思政建设而言，必须先明确“融什么”（本课程需要承担专业层面课程思政体系中的哪些思政内容），再明确“融到哪”（本课程的各项目及任务如何与思政内容有机融合），最后探索实践“怎么融”（如何从内容、方法、环境、人文四个维度实现全方位育人）。以“新能源汽车电池及管理系统检修”课程为例，该课程的“三融”课程思政总体设计思路如图 4-6 所示。

三、课程思政建设目标

基于对“三融”问题的分析研判，“新能源汽车电池及管理系统检修”课程团队科学设计出了本课程的思政建设目标：通过本课程学习后，实现学生“尊重

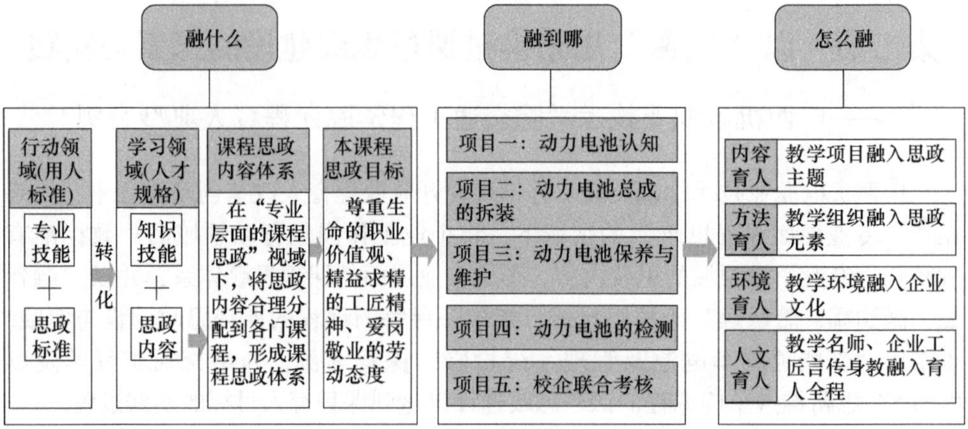

图 4-6 “新能源汽车电池及管理系统检修”的课程思政建设总体设计思路

生命的职业价值观、精益求精的工匠精神、爱岗敬业的劳动态度”的价值塑造，提高学生适应社会、适应岗位的工作能力，培养学生爱党爱国、家国情怀的价值认同，最终实现职业教育社会适应性的提升，如图 4-7 所示。

图 4-7 国家级教学名师彭朝晖采用案例导入法引出课堂教学内容

四、课程思政教学实践

“新能源汽车电池及管理系统检修”课程紧紧围绕学校交通工程学院为广西支柱产业（汽车产业）培养高素质工匠型人才的办学定位，结合专业特色和课程特点，以立德树人为根本任务，不断探索和实践“三全育人”的课程思政体系，将“为党育人、为国育才”的总体目标有效转化成贯穿人才培养全过程的一项项、一次次融入课程思政设计的教育教学活动，具体做法如下。

（1）根据课程思政的总体设计情况，开发了本课程具体的课程思政实施方案，其核心要义见表 4-5。

表 4-5　课程思政实施方案

教学项目	融入思政点	融入形式	融入素材
项目一： 动力电池认知	科技报国 开拓创新 质量标准 系统优化意识 螺丝钉精神	视频引入 资料研读 专题讨论 小组交流	将国产电池的技术优势与国外做对比
			从电池能量转换的工作原理的讲解，引出事物发展具有创新特点，培养学生创新意识
			每个部件都有其不可取代的作用，社会分工不分贵贱
项目二： 动力电池总成的拆装	生产安全 计划严密 复盘思维 结果正确 率先垂范 劳动教育	视频引入 情境融入 活动融入 实践融入 资源融入	安全事故视频、生产安全规则、安全作业任务单
			计划决策表、操作评价表、复盘反思表
			企业工匠示范
			工艺创新示范
项目三： 动力电池保养与维护	服务态度 严谨细致 责任意识 质量标准 生产安全 操作规范	案例引入 情景融入 实践融入 资源融入 评价融入	维修手册标准、安全生产规则
			不规范操作（事故）造成影响视频、客户投诉单
			安全生产规则、客户服务规范、忧患意识从疫情防控形势引出
项目四： 动力电池的检测	过程完整 安全生产 质量标准 操作规范 结果正确	视频引入 故事分享 小组交流 实践融入 评价融入	规范操作视频、操作评价表、安全事故视频
			通过讲解木桶效应来提醒学生应德智体美劳全面发展
			量的积累达到质的突变，不积跬步无以至千里

续表 4-5

教学项目	融入思政点	融入形式	融入素材
项目五： 校企联合考核	率先垂范 主动解决问题 服务态度 爱岗敬业 榜样精神	情景融入 评价融入 故事分享	操作评价表，企业匠人先进事迹分享

（2）组建了一支由专业教师、思政课专任教师、企业能工巧匠组成的课程团队，同时加强师资队伍的思想政治理论培训和课程思政教学能力提升培训，打造了一支在原“双师型”教师的基础上懂政治、会思政的“三师型”教师，并严格按照本课程的课程思政实施方案开展具体的课程教学，如图 4-8 所示。

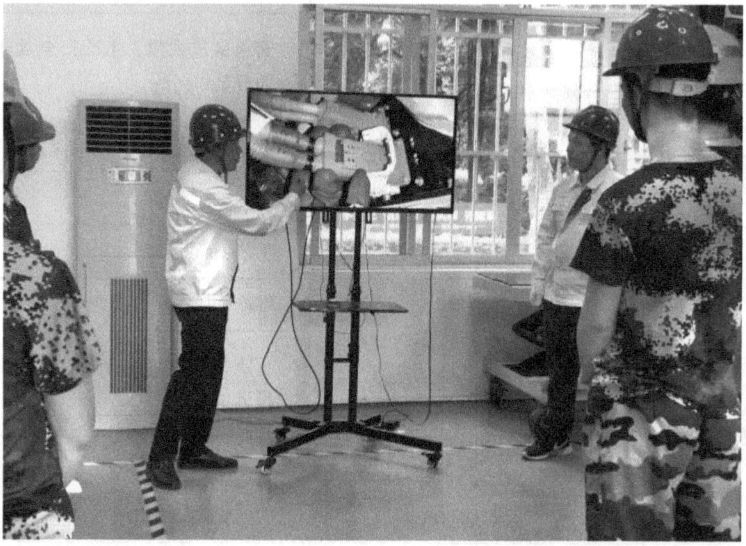

图 4-8　国家级教学名师彭朝晖利用视频讲解高压母线插头的拆装注意事项

（3）用企业的用人标准（岗位技能标准+岗位思政标准）作为本课程的评价标准，组成一支由教学名师引领的专任教师+广西技术能手引领的企业技术专家组成的考评团队，在本课程结课前，扎实开展校企联合考核，如图 4-9～图 4-11 所示。

通过对本课程的课程思政实践教学活动不断地优化、调整与升级，最终彻底解决了本课程的课程思政“融什么、融到哪、如何融”的问题，同时实现了

图 4-9　学生拆下动力电池总成后激动地拍照留念

图 4-10　专业骨干教师罗婷劼和大三优秀学长赵夫贵同上一堂课

“尊重生命的职业价值观、精益求精的工匠精神、爱岗敬业的劳动态度”的课程思政总目标。

图 4-11 学生分组协作完成单体电池检测任务

五、课程评价与成效

（一）课程考核评价的方法机制建设情况

本课程的考核评价采用的主要方式为“过程性评价+终结性评价”。

针对过程性评价，本课程进行了如下探索与实践。

（1）时间维度：参照 BOPPPS 有效教学法，设置了课前测试、课中学习任务参与及完成程度、课后测试等三个学习阶段的过程性评价。

（2）空间维度：开设了第一课堂项目教学、第二课堂兴趣培养、校中企岗位实践、技能竞赛专项训练等四个空间，根据不同空间学习效果形成过程性评价。

（3）人员维度：采取了学生自评、学生互评、专业教师评价、企业兼职教师评价、学校及二级学院层面教学督导等多元评价方式形成过程性评价。

针对终结性评价，本课程进行了如下探索与实践。

（1）校企双方联合考核：由教学名师引领的专任教师+广西技术能手引领的企业技术专家组成考核团队，通过校企联合考核方式完成课程最后终结性评价。

（2）技能竞赛获奖成绩替换：参加各类技能竞赛的获奖选手，该课程的总评成绩可依据学校相关管理办法进行替换或加分。

（二）课程思政建设成效

（1）2021 年 5 月，交通工程学院“新能源汽车电池及管理系统检修”等 6 门课程获学校课程思政专项课题立项。

（2）2022 年 6 月，“新能源汽车电池及管理系统检修”课程获准参评自治区级课程思政示范课程。

（3）体现课程思政建设成效的教学设计案例获教学能力大赛国家级三等奖 1 项、自治区级一等奖 2 项。

（4）每年毕业生就业率在 95%以上，对口就业率达 80%以上。学生就业后对岗位、单位的适应能力得到了用人单位的高度认可。

（5）近三年陕西机电职业技术学院等 30 多所兄弟院校同行，前来二级学院参观交流课程思政及专业建设改革实践经验。

（6）2021 年，交通工程学院凭借扎实有效的课程思政改革成效，获得广西高校首批“三全育人”示范院系称号。

近三年，交通工程学院在课程思政建设方面取得的成效被广西日报、南国早报、广西八桂职教网等新闻媒体专题报道，如南国早报于 2022 年 5 月 23 日以《密织交通经纬、齐奏育人乐章》为题，详细报道了学院“三全育人”、课程思政改革成功经验。

六、需要解决的问题及改进措施

由于本课程属于新能源汽车技术专业的一门专业核心课程，新能源汽车技术的发展日新月异，课程思政的内容也需要与时俱进，要随时通过深入调查、集体研讨的方式，对本课程的课程思政“融什么、融到哪、怎么融”进行动态调整。

第五章 实践育人案例

第一节 产教融合、课赛融通、专创互促，固筑专业特色的职业教育实践育人模式

一、精心设计专业教学方案，加强学生实践能力培养，培养学生匠人品质

坚持紧跟电子商务行业最新技术应用，加强校企融合，与苏宁易购、京东等企业深度融合，通过共同制定人才培养方案，构建课程体系，强化校企协同办学，形成校企育人合力。

加强学生实践能力培养，在专业核心课程的教学中将企业真实业务项目与课堂教学任务相结合，使企业真实鲜活的业务内容成为学生上课实操的内容，开展企业项目任务导向的教学做一体化教学改革，校企共建专业课程，共同培养专业人才，从而推动专业建设与改革，培养电商企业适用的高技能人才。比如通过与淘宝大学合作，引入淘宝电子商务运营专才认证课程，将“网店运营与管理”课程与企业网店经营实际对接，学生通过学习就能掌握网店业务运营的实操技能。

推动专业团队教学开展项目化教学改革，不断调整优化教学内容，以企业岗位任务为导向，在电子商务专业教师团队中坚持推行项目化教学改革，专业教学中学生以小组团队的形式，在教师的指导下，完成企业真实电子商务项目的实践与操作，教师围绕企业真实的工作任务，指导学生达到专业各项核心技能的训练和培养。依据工作任务的项目化教学和校内“企业”式现场教学、基于企业真实项目的实践，使教、学、做合一。学生实践的过程，即在企业工作的过程及企业电子商务业务推进的过程，使学生和企业员工从身份上并行，加强学生职业素质的养成和学生工作经验的积累，为学生就业做充分的准备。教学中以学生为主体，教师从过去的满堂灌以及实训过程中的单纯辅导角色转变为教学项目的策划与辅助、评价，另外由于是企业的真实项目，在实训教学评价中还可以引入企业评价作为学生成绩的一部分。

二、校企联合建立校内外的生产性实训基地，为实践育人奠定良好基础

推动电子商务专业与苏宁易购、山东万声传呼、华南城等10多家企业合作，

建立稳定的校外实训基地，为实践育人构建良好条件。组织学生到实训基地参加各类实习活动，如广西机电职业技术学院（以下简称学院）每年组织学生参与企业“双 11”客服运营的实习，锻炼学生吃苦耐劳、团结协作的精神，培养学生的职业素养。从 2018 年以来学校每年“双 11”都组织学生参加电商企业的物流分拣、客户服务岗位轮岗实践，近五年来上千名学生为苏宁、小米、华为等品牌“双 11”提供客服保障，通过实习提高学生对电子商务企业的认识，激发学生对专业的热爱，锤炼工匠精神，培养能够扎根基层具有奉献精神的时代新人。

三、聚焦专业特色，构建实践活动育人第二课堂

指导学生举办具有电子商务专业特色的校园文化活动，如电子商务文化宣传周、校园商品展销会、网络营销大赛等一系列活动，学院已连续成功举办五届以企业产品或业务项目为载体的网络营销大赛，先后与广西新秀食品有限公司、南宁桂宾商务有限公司、凤岭儿童公园合作，引进企业产品开展真实网络营销，将近上千名学生参与了比赛，电子商务专业的学生参赛面达到 80%，使广大学生获得了体验企业真实业务，参与网络营销技能实战的机会。

课赛融合，课赛融通。教育家苏霍姆林斯基说：“只有能够激发学生去进行自我教育的教育才是真正的教育。”强化专业课程与企业项目、比赛项目深度融合，探索真实情景下的教学改革。如在电子商务专业中组织移动营销大赛、电子商务专业技能大赛，将比赛内容与课程教学内容相融合，大赛的成绩直接与学生的移动商务、专业实习课程成绩挂钩，学生亲身体验、亲自实践参与各种比赛项目企业岗位任务，专业教师和企业老师共同指导学生完成大赛的产品直播、店铺运营，在学生参加比赛的过程中植入企业文化，培养学生的职业素养。真实情景下的教学改革使学生由“学了不知能干什么”到“要干好我得必须学”、由“被动学”到“主动学”的根本性转变。

学院积极推动学生参加各级各类职业技能竞赛，指导学生参加全国职业院校技能大赛电子商务赛项获得二等奖 1 项，三等奖 1 项，参加广西职业院校职业技能大赛获得一等奖 2 项，二等奖 8 项，三等奖 6 项。

四、加强学生创新创业意识培养，提升职业素养

学院建立了网店经营、网络营销等工作室，指导学生以团队的形式完成企业真实项目的运作和实施，锻炼学生解决问题分析问题的能力，培养学生的创新创业意识和团队协作的精神。五年来，学院累计指导上百名学生完成 10 余个企业电商项目的运营，直接孵化成功 2 个创业项目，2020 年指导电子商务 18 级学生线上线下销售学院第一书记扶贫点种植的砂糖橘，实现累计销售 4 吨多。

五、推动专业团队教师开展创业教育，加强学生创新创业意识的培养

组织学生参加学院创新创业项目的训练 3 项，近年来电子商务专业学生参加互联网+创新创业大赛获奖是商学院各专业获奖较多的专业之一，共计获得国赛铜奖 1 项，区赛金奖 3 项，银奖 2 项，铜奖 3 项。近年来，部分电子商务专业毕业生自主创业，毕业生创业的比例逐年增加，如电子商务 18 级的学生就有 4 人创业，3 人经营网店，1 人创办了物流公司，电子商务 15 级的一位同学毕业两年即创业，1 人开了两个天猫店，一年的营业额过千万元。学生就业质量逐年提高，就业率一直保持在 90%以上。

通过努力推动专业初步形成了校企联合“双主体”育人模式，校企基于工作过程的共同开发教学内容、共同培育专业技能人才，建立了“基于企业项目实战”的人才培养模式，形成了校企资源共享、教学过程共管、互利共赢的人才培养机制，实现学生、企业、学校三方共赢。

六、积极参与学生管理工作，专业教育融入日常教学，实践育人常态化

教书不忘育人，在平时的教学过程中能够时刻关注学生的思想动态，帮助学习生活有困难的学生。担任过商务 1201 班、商务 1901 班的辅导员，在管理班级的过程中帮助学生树立良好的世界观和人生观，引导学生参与各项社会实践，商务 1201 班的学生在各级各类比赛取得了优异的成绩：4 人获得国家级职业技能竞赛二等奖，多人获得国家一等和二等奖学金，班级被评为区先进班级。

教育首先要引导孩子走独立的道路，这是教育的关键性问题。正如毕业学生在离校座谈会上讲的“回想在校期间，我最大的收获是加入了电子商务协会，最幸运是参加了邱琳老师的职业技能竞赛小组，实践使我学习的目光从书本放眼到了社会”。通过与专业团队老师一起努力，走校企深度融合，开展专创结合，课赛融通，通过激发唤醒学生的学习实践自觉，在实践育人的道路上不断探索前进。

第二节 创新引领 赛创融合，培育高素质商科创新创业人才

以培育高素质商科创新创业人才目标，加强“三教”改革，引进和承接企业真实项目，实现专业对接产业的新突破。在疫情形势背景下，采用模拟运营+项目实战教学法，组织师生参加职业技能比赛、创新创业大赛，提升学生解决问题的能力。通过构建实践育人工作体系，形成了职业教育商科人才职业能力平衡发展的新理念，提升了学生的专业能力、方法能力与社会能力，解决了学生就业能力不足的问题，毕业后能快速适应、胜任岗位的需求。

一、建设背景

党的十九大以来，广西机电职业技术学院商学院教师牢记立德树人根本任务，为党育人、为国育才的教育者使命，认真学习和思考习近平总书记在全国教育大会的“九个坚持”和“六个下功夫”重要讲话精神，结合商科的特点及特长，着重探索培养具有创新思维、开阔视野的高素质商科创新创业人才。

如何培养适应新时代发展所需的商科创新创业型人才，如何培养具有跨专业解决实际问题的商科人才，如何服务地方经济，是我国职业教育商科专业发展共同面临的问题。针对学校商学院专业建设发展中明显的短板——专业服务产业能力不够、课程教学内容更新慢、学生实战能力不强，老师们展开了以学生为主体，以国家各类创新创业大赛为平台，赛创融合，创新课堂教学，给学生深刻的学习体验，引导学生树立正确的理想信念、学会正确的思维方法，培养服务地方经济发展的双创人才的系列探索。

二、主要做法

（一）构建多元课堂，形成校企双场所教学组织形式

从商科人才培养定位出发，推动实现课程间、课堂和课外、校内与校外的多层次综合性项目教学，教学计划与企业项目接轨，促进商科教学可持续发展。商学院严金才教授牵头市场营销、工商企业管理、电子商务、国际商务多个专业的12位老师共同申报的项目“商务专业群‘强三教获三证提三力’助力乡村振兴的探索与实践”，荣获2022年自治区教学成果二等奖。具体实践育人有三个方面的探索。

（1）课堂和课外实现教学延伸。以真实企业项目为依托，实现学生与教师合作，课堂与课外对接，学校和企业联动，使得人才培养始终保持与社会需求无缝对接。商学院电子商务专业开展直播电商实践教学，市场营销专业学生参加调研公司的商业调研实践课程，学生们在实践中巩固专业知识，服务于多家企业，为企业创造巨大经济效益。

（2）课程间实现教学延伸。突破传统教学思维边界，打通专业课程之间的界限，将各门课程知识点融合到教学项目中，培养学生融会贯通的创新思维和能力。以市场营销专业团队的专业核心课程“市场营销”教学为例，采取1位教师的大课堂授课，用案例分析和讲解法梳理基本概念性知识点；同时开展2～3位导师的翻转小课堂，课前将一个企业真实的项目资料发给学生团队思考分析，课堂中让学生演示汇报、导师进行指导修订，课后企业反馈的方式，让学生运用营销的战略、策略解决企业真实问题。

（3）创新岗位任务，塑造学生职业素养。整合优势特色专业企业资源，对

接行业岗位，引企入校，建立校内生产性实训基地。将职业精神贯穿到整个教学过程中，并培养学生的职业素养，从而形成常态化、长效化的职业精神培养机制，达到校企无缝对接的目的。依据专业课程教学内容，采用“集中授课、项目训练、企业培训、岗位实践”的循序递进的教学方法，奠定商科学生的专业理论基础，训练学生实战能力，强化学生的职业意识，增进学生的创新精神。

（二）强化双创技能，健全“课赛证三融通”教学资源

职业院校学生学习能力较差，考取职业资格证书和“1+X”证书有一定难度，积极探索“以赛促教、以赛促学、以赛促证”的教学模式，将职业院校技能大赛、创新创业大赛与课程教学对接，发挥技能大赛内容对接行业标准和先进技术的优势，建设“课赛证三融通”教学资源，并广泛应用于教育教学改革的全过程，深化“赛教证三融通”人才培养改革。商学院各专业每年均举办院级专业技能大赛，选拔技能大赛优秀选手，验证课赛融通效果，进而改进专业教学设计。通过指导学生参加专业技能比赛、第二课堂活动、各类创新创业大赛，实现的教学延伸，让教学实践更丰富立体，让商科专业学生能将所学到的知识和技能应用于多元化、多层次的工作环境里，激发主动探究和解决问题的能力，如图5-1所示。

图5-1 商学院学生乡村振兴助力农产品营销

三、成果成效

（一）师长技成，双创大赛成绩斐然

2022 年，通过建设“课赛证三融通”教学资源，深化“赛教证三融通”人才培养改革，商学院多个专业获取广西职业院校技能竞赛的奖项，其中一等奖 1 项（企业管理沙盘）、二等奖 1 项（市场营销技能）、三等奖 2 项（商务数据分析、国际贸易）。在各级各类创新创业大赛，包括中国互联网+大学生创新创业大赛、“创青春”挑战杯、机械行业职业院校教育教学创新及创业大赛、广西“筑梦助飞 创新广西”贫困大学生创业支持大赛、广西乡村振兴大学生创新创业大赛，在近年成绩斐然。在竞赛平台中，指导老师们在不断成长，已有不少于 5 位老师获得中国互联网+大学生创新创业大赛广西赛区选拔赛优秀创新创业导师。学生们也养成了团队协作等优秀的能力和素质。商学院老师带领学生团队闯入中国互联网+大学生创新创业大赛国家总决赛，获得了 5 次国家铜奖；2020 年，罗茜老师指导营销 1802 班学生周琪创新创业大赛项目“智‘烘’科技-木材刨烘一体化模式的引领者”荣获第十二届“挑战杯”中国大学生创业计划竞赛融合“挑战杯”国赛银奖。

（二）创业引领，助推毕业生就业创业

近年商学院毕业生中创业就业积极性高，截至 2022 年在天猫、京东等电商大平台开店创业的学生就有 10 人，开设天猫店铺 8 个，年销售额上千万元。也有不少学生回乡创业支援农村建设，成了当地扶贫建设的标兵，如工商企业管理专业的一名学生，在校期间就萌发了结合家乡茉莉花茶产业进行创业的想法，而后在专业导师的帮助下成功孵化创业项目，并在校内外创业导师的指导下注册了广西庭宇茶业有限公司，其主打产品茉莉铜鼓香包，以刺绣为主，采用手工缝合技术，在香包中加入新鲜的茉莉花茶，使得整个香包非常具有广西特色，产品销量很好。

（三）师生对外服务能力提升，反哺地方经济效益显著

商学院教师教学科研和服务经济能力显著提升，近三年立项市厅级以上教改科研项目 17 项。师生共同参与校企深度融合的项目，为广西森宝电动汽车制造有限公司、南宁市飞扬羽毛球馆、广西瀚川装饰工程公司、南宁市索轩工艺品有限公司等公司提供经营决策的调研报告和参考策略。为苏宁易购、华为、京东、黄家月等 10 余家企业的 20 多个项目提供“双 11”“双 12”的支持与运营服务，为企业创造效益上千万元。电子商务专业师生每年均助力学院第一书记对口帮扶的博白县顿谷镇盘古村利用电商平台开展社区营销，帮助贫困农民解决了销售困难的问题。

第三节 打造人才培养新“金课”，构建双创教育实践育人模式

在“三全育人”综合改革中，广西机电职业技术学院建筑工程学院不断深化创新创业教育改革，以培养学生创新精神、创业意识和创新创业能力为目标，紧密围绕实践育人，强化学生创业意识，激发学生创业潜能，增强学生就业竞争力和自主创业能力。通过扎实推进人才培养模式创新，搭建竞赛平台，实施大学生创新创业项目培育计划，逐步形成具有机电特色的创新创业教育工作理念，不断推动具有鲜明特色的应用研究型大学建设。

一、创新人才培养模式

在实践育人过程中，学校紧紧围绕“三全育人”任务，以培养高素质人才为契机，强化教学过程中教师与学生互动、教学与科研互动、学科与专业互动、课内与课外互动、校内与校外互动，真正做到全员育人、全过程育人、全方位育人。这样的人才培养理念，让学生在学校的三年，不仅学习了知识和技能，也塑造了人格，成为有理想、有追求、有情怀的创业者。

二、人才培养模式创新成果

（一）坚持竞赛育人工作思路

广西机电职业技术学院（以下简称学校）注重学科竞赛体系建设，提出“以赛促教、以赛促学、以赛育人、以赛促创”的竞赛育人工作思路，竞赛按国家级、省级、校级、院级管理，涵盖科技创新类、文艺类、体育类、创新创业类等方面。连续5年举办互联网+大学生创新创业大赛，为在校生开展创新创业启蒙教育；持续推进“课内竞赛”促进创新创业教育与专业教育融合。师生间形成了课堂理论传授，课后各项目团队实操的氛围，在校内即可实现创业实践的操练，极大促进了学生创新实践的积极性。

（二）开展大学生创新创业训练计划

近年来，学校每年立项大学生创新创业训练计划项目500余项，学生们通过大学生创新创业训练计划激发了创新意识，收获了实践经验，促进大学生创新创业训练计划工作与课程、创新创业活动、竞赛等工作良性互动，增加了大学生创新创业训练计划成果产出。

（三）组织青年红色筑梦之旅

学校组织“青年红色筑梦之旅”活动，充分利用革命老区红色资源，组织学校师生到革命纪念地、爱国主义教育基地、党史展览馆等，以聆听英烈故事、重温革命历史等形式开展红色教育。鼓励学生到乡村开展扶农助农工作，充分发挥学校学科专业优势，对革命老区、贫困乡镇进行创业项目帮扶，助力精准扶贫、乡村振兴。近年来，学校派出30多个小分队，参与大学生累计300余人次，参与教师60余人次，涌现出一批基于广西的“互联网+农业”项目。加强大学生校外实践教育基地建设，通过专业实习实践基地、文化素质教育基地、创新创业实践基地等建设，引导学生在实践中树立正确择业观，到艰苦地区、行业受历练、长才干、做贡献。学校通过青年红色筑梦之旅活动把思政教育、专业教育和创新创业教育深度融合起来，走出了一条新路，树立了新的人才培养观、新的教学质量观。

（四）深度挖潜形成区域效应

创新创业教育工作的深入开展，提升了学生的创新精神、创业意识和创新创业能力，推动了学校实践育人体系的建设，在区域形成效应。学校通过召开创新创业教育研讨会，邀请创新创业教育专家做专题报告，交流创新创业教育思路等，培养了一大批优秀的创新创业导师和优秀创业项目。

三、育人结果凸显

近三年来，学校每年组织的互联网+创新创业校赛参赛项目多达4000项，参赛学生10000多人次。参赛项目充分展示了学校师生在新工科、新文科、新农科、新医科等研究与实践领域取得的成果，体现了多学科交叉、专创融合、产学研协同创新、产教融合、教育维度等特色，呈现了以赛促学、以赛促教、以创业带动就业的有效示范。每年获得区赛金奖项目都有6个以上，银奖、铜奖项目更是多达几十项。在众多优秀的创业指导老师队伍中，吴彬宇老师拥有多年的创新创业项目指导经验，能充分结合学生的学习成长规律，根据不同年级设定不同的育人内容。面向大一学生，她主要开设创新创业入门课程和导学课程，激发学生对创新创业的热情；面向大二学生，主要开设创新创业基础课程和实践指导课程，引导学生尝试参与创新创业各类赛事，为学生打下坚实的创新创业理论基础、积攒实践经验；面向大三学生，设置经典案例分析课程，鼓励学生大胆参与创新创业实践、注册公司运营等，制订较为科学完善、可行性高的创新创业计划；同时鼓励其结合自身专业优势和创新创业计划大胆创业。针对不同年级的学生开设系统、科学的创新创业兴趣课，有层次、有针对性地开展创新创业教育，实现“全程”育人。以获奖项目“3D 干细胞牙再生”为例，该项目主要依托广西中立数字科技有限公司。项目团队师生近年来与企业在产教融合、协同发展方面进行了深度的合作。从 2021 年 3 月项目备赛开始，学校给予了团队强大的支持和保障，为团队配备了优秀的创业导师和项目孵化环境，师生在作品的修改过程中享受到了创造的乐趣、不断地学习和成长。项目组在 2021 年 12 月 31 日参加由中华职业教育社举办的第五届中华职业教育创新创业大赛并获得了全国高职组第一名的好成绩，如图 5-2 所示。

第五届中华职业教育创新创业大赛全国总决赛

获奖证书

参赛学校：广西机电职业技术学院

参赛作品：3D 干细胞牙再生技术——引领口腔医学新革命

项目成员：黄正田、黄家清、高彬、林杰昌、李新生、陈碧钊、黄燕

指导教师：吴彬宇、宋克歆

评　　为：第一名（高职组）

中华职业教育社

2021 年 12 月

图 5-2　第五届中华职业教育创新创业大赛全国高职组第一名

成绩的获得离不开项目指导老师吴彬宇近几年来对学生的重点培养和辛勤培育。在平日的课后实践中，她积极指导学生积极参加各类社会实践，并指导在校生注册了自己的公司，在校内成立创新创业项目孵化室。经过几年时间的探索，目前已经形成了良好的传帮带机制，培养了 50 多名学生创新项目骨干，并在近三年的“互联网+”创新创业比赛中获得多个区赛金奖，实践育人成果丰硕。

四、提升实践教育信息化发展

在未来的实践育人工作中，还要重点提升社会实践课程信息化水平，推进社会实践基地质量提升，优化社会实践成果转化推广体系等方面，可尝试建设新版“社会实践课程网”，完善社会实践课程教案，探索建设社会实践慕课课程，制订实施“社会实践精品基地培育计划”，开办社会实践精品成果转化训练营等重要举措及健全实践课程教学机制，创新设计系列内容主题，完善配套师资队伍建设，建立健全实践经费补助机制，搭建实践成果转化机制，建立实践监督运行机制等制度保障，确保实践育人精品项目建设工作稳步推进，切实提升学校实践育人工作质量。

第四节　构建实践育人体系，全面提升学生综合素质

实践育人是新形势下高校教育教学工作的重要载体，是推动形成全员、全过程、全方位育人的有效途径。广西机电职业技术学院建筑工程学院紧紧围绕立德树人根本任务，强化组织领导，积极推进实践教学改革，丰富实践内容，创新实践形式，广泛组织学生开展社会调查、生产劳动、社会公益、志愿服务、科技发明、勤工助学等社会实践活动；加强创新创业教育，健全课程体系，支持引导学生参加各类创新创业项目，推动专业课实践教学、社会实践活动、创新创业教育、志愿服务、军事训练等载体有机融合，实现各年级各专业全覆盖，以达到实践育人和立德树人的工作目标。

一、整合资源，搭建平台，深化专业实践教学改革

建筑工程学院认真落实立德树人根本任务，深入推进实践教学改革，积极整合学校、社会建筑领域行业资源，搭建各类实践平台，构建实践育人体系，形成实践育人合力，引导学生树立适应社会需求的价值取向，增强学生服务国家、服务人民的社会责任感，提升学生专业实践能力，培养学生成长为综合能力突出并富有道德责任感的时代青年。

（一）立足专业，构建专业实践一体化

依托教学实践课程和专业教师及辅导员的实践指导，搭建实践指导平台。一方面科学设置教学实践课程，加强实践课程的设计、管理和指导，增加课程实验课、教学实习课和专业实践课的课时比重；另一方面注重实践育人师资的培养和选聘机制，增强辅导员指导学生社会实践活动的能力，将青年教师社会实践和学生社会实践进行同安排、同部署、同考核，并与评优评先挂钩，鼓励专业教师参与指导学生社会实践活动。同时，选聘和培养一批具有基层工作和管理经验的“双师型”教师作为实践育人的指导教师，由此建设一支以辅导员和专业教师为主，专兼职相结合的实践育人师资队伍，更好地指导学生参与实践育人活动，提升实践育人工作的实效性。

同时，建筑工程学院根据人才培养目标，整合学校及社会资源，着力改变过去依赖课堂理论学习为主、缺乏真实社会体验的教学模式，通过设置专业实训实践、见习、跟岗实习、顶岗实习等方式，构建专业实践一体化，让学生在实践中更深刻地感悟和理解了所学技能对社会与人的发展所产生的巨大作用，引导学生树立正确的世界观、人生观、价值观，增强学生服务国家、服务人民的社会责任

感，提升学生专业实践能力，培养学生成长为综合能力突出并富有道德责任感的时代青年。

（二）搭建平台，推动专业实践常态化

建立一批良好的实习实践基地是高等职业院校开展社会实践和教学实践活动的重要保障，也是实践育人工作稳步推进的重要力量。建筑工程学院加强与社会、企业的合作与交流，加强实践基地的培育，采取校企联合、校村联合等多种形式建设实践育人基地，依托大学生社会实践基地、教学实践基地、合作企业等，搭建实践基地平台，为学生实践能力的培养奠定良好的基础，实现实践育人工作良好的内外合作与交流。

近年来，建筑工程学院已陆续创建了装配式建筑虚拟仿真实训室、空调机房、虚拟仿真实训室、工程造价综合实训室、造价机房、BIM 实训室等多个实训实践场所。同时，为更好契合市场需求，建筑工程学院积极推进校企合作，与广西华宇建工有限责任公司、广西朋宇组物业服务有限责任公司、龙光智慧服务集团、广西快朗节能科技有限公司等多家公司签订校企合作协议，设置多个实习实践基地，借此推动专业实践活动常态化。

建筑工程学院将专业实践育人与特色优势专业市场应用相结合，不仅进一步巩固了优势专业的影响力，引导学生在实践岗位上发挥专业能力，借助专业理论开展社会实践，也充分发挥了学院专业教学资源和人才资源的优势，为本地企业的发展注入了新鲜能量。通过校企合作实践育人，学院为各专业师生参与校企实践项目提供了广阔平台。学院教师和企业导师的指导，让学生在实践过程中快速掌握专业技能，更加贴近市场需求，从而以建筑领域市场需求引导专业学习，逐渐建立起专业优势。

二、多元发展，拓宽载体，构建社会实践教育体系

纸上得来终觉浅，绝知此事要躬行。参与社会实践有利于大学生更好认识自我、认识社会，有利于青年学子将理论知识与实际现象形成对照，不断更新知识结构与应用技能，以更好地适应社会并服务社会。多年来，建筑工程学院积极加强大学生思想道德教育，通过开展多种形式的志愿服务、劳动教育、勤工助学、“三下乡”社会实践等活动，积极打造“行走的思政课堂”，引导和帮助广大青年学生在社会课堂中“受教育、长才干、作贡献”，在学思践悟中牢记初心使命，以真才实学服务社会，以青年之智赋能乡村振兴，为建设壮美广西贡献青春力量。

建筑工程学院组建广西机电职业技术学院建筑青年助力乡村振兴实践团，前往博白县水鸣镇联合村、双桂村开展暑期“三下乡”社会实践活动。活动期间，建筑青年助力乡村振兴实践团将开展测量测绘实践服务，充分利用建筑工程学院专业技术人才和科研优势，主动服务联合村开展社会服务能力建设，为联合村、双桂村乡村规划提出建议；通过走访调研近距离观察联合村陈皮柑种植生产，寻访农村青年致富带头人，传播新农人文化；实践团成员深入“五老”居所，聆听老党员讲述初心故事，以青年之力，做好红色基因的接力传承，发扬青年的使命担当。在社会实践活动中讲好建筑故事，结合乡村规划工作，发挥后盾单位作用，在测量、绘图、设计的过程中了解乡村，积极谋划乡村风貌改造，促进乡村造血功能，助推乡村振兴发展。

三、加强创新创业实践，提升学生就业创业能力

建筑工程学院积极贯彻落实国务院办公厅《关于进一步支持大学生创新创业的指导意见》文件精神，展示学院创新创业教育成果并以创新创业大赛为载体，依托就业见习基地和大学生创业园等，搭建就业创业平台。通过建立校企合作联动机制和创业帮扶机制，加强就业见习基地建设和大学生创业园建设，让学生深入企业生产线，熟知产品设计生产和销售流程；让学生走进创业园，逐步发展创业能力、经营能力等多种适应市场经济的能力。将学生职业生涯规划、就业创业指导等内容融入实践育人环节，实现学、产、研的融会与贯通，使学生在就业见习和创业实践中增强本领，在实践活动中积累就业创业资本，努力形成毕业生更高质量创业就业的新局面。

近年来，学院一方面注重创新创业实践，加强创新创业教育，健全相关课程体系，支持引导学生成立或参加创新创业类社团，申报创新创业实践类项目，鼓励学生积极参加各类创新创业大赛；另一方面积极引导学生创新，推动学生创业，带动学生就业，不断提升学生就业创业能力，搭建以中国“互联网+”大学生创新创业大赛、中华职业教育创新创业大赛、挑战杯、创青春、全国装配式建筑职业技能竞赛、广西职业院校技能大赛、广西大学生房地产项目策划大赛等竞赛为主导，院级创新创业大赛、建筑模型竞赛等创新竞赛为支撑，校内创新创业项目为基础的各级各类竞赛组成的学生竞赛体系，全方位丰富学生的创新实践，并且利用奖金激励和技术支持等手段，鼓励学生提前参与到日常生产所需的创新实践中去；通过新媒体等手段以学院网站、抖音和易班等网络平台加大创新创业先进典型人物的宣传力度，用榜样的力量激励人，鼓励更多的学生投身创新创业中。近年来，建筑工程学院有超千名学生报名参加大学生创新创业比赛，取得了

两项一等奖、多项二等奖和三等奖的优异成绩。第五届中华职业教育创新创业大赛，取得了一等奖，如图 5-3 所示。

图 5-3　学院参赛队荣获一等奖

第六章 文化育人案例

第一节 技艺传承，以文化人

一、政策背景

习近平总书记指出，要更加注重以文化人、以文育人，加强中华优秀传统文化和革命文化、社会主义先进文化教育。文化育人是“立德树人”根本任务的本质体现，是“三全育人”和“课程思政”的重要内容之一，也是实现中国特色社会主义文化自信的重要途径。中共中央、国务院印发《关于加强和改进新形势下高校思想政治工作的意见》指出：“坚持全员全过程全方位育人。把思想价值引领贯穿教育教学全过程和各环节，形成教书育人、科研育人、实践育人、管理育人、服务育人、文化育人、组织育人长效机制。”其中“文化育人”是“三全育人”的重要内容之一，并提出要弘扬中华优秀传统文化，实施中华文化传承工程，推动中华优秀传统文化融入教育教学。教育部印发《高等学校课程思政建设指导纲要》也指出：“艺术学类专业课程要在课程教学中教育引导学生立足时代、扎根人民、深入生活，树立正确的艺术观和创作观。要坚持以美育人、以美化人，积极弘扬中华美育精神，引导学生自觉传承和弘扬中华优秀传统文化，全面提高学生的审美和人文素养，增强文化自信。”因此，构建民族文化技艺传承创新背景下的文化育人教学模式对广西高职艺术设计专业群改革与实践有着重要的参考意义。

民族文化是某个民族在长期劳动过程中，所创造的能体现本民族特征的物质和精神文明的统称。教育部、文化部、国家民委《关于推进职业院校民族文化传承与创新工作的意见》指出：“推进职业院校民族文化传承与创新是提高技术技能人才培养质量和服务民族产业发展的重要途径。”目前，国内高职院校文化育人还处在通识教育阶段，特别是工科背景的高职院校普遍注重学生的专业技术技能训练，仅通过开设若干门分散的公共文化课和选修课以达到提高学生人文素养的目的，既没有形成统一教学体系也没有同专业教育深度融合。另外，在文化名人、艺术大师的引进上也较为欠缺，仅停留在专题讲座的层面，没有形成科学系统的基于文化育人的专业人才培养模式和常设课程体系。

广西家具历史文化悠久，在明清时期不但形成了完整的门类，而且器型考究、工艺精湛，完全可以同京津江浙地区的古典家具媲美。北京故宫博物院研究员、明清古典家具资深专家胡德生先生曾在文章中得出“明代广式家具以广西为代表，清代广式家具以广东为代表”的结论。从地缘文化的角度来看，“广式家具”是广东家具和广西家具的总称，其中广西主要以存世的老铁力木家具为代表。因此，具有显著地域特色的桂作家具有深厚传统文化土壤，既保持了独特西南少数民族文化，又融入了先进中原汉族文化，是中式家具的重要组成部分，极大地丰富了中华家具文化资源宝库。

广西机电职业技术学院艺术设计学院始终坚持将广西传统民族艺术文化传承融入专业建设中，创新人才培养模式、改革专业课程体系，取得了显著的成效。家具艺术设计专业以民族工艺（桂作家具）传承创新职业教育基地为平台，以“根植八桂民族艺术文化、依托技能智能制造技术、培养定制家具设计人才、服务广西林产工业升级”为建设理念，以实现民族文化传承和家具产业服务一体化为发展目标，致力于桂作家具文化传播、桂作家具技艺传承、桂式家具产品研发等教育培训与设计实践活动，着力培养具有强烈民族情感、深厚文化底蕴、较高审美境界和熟练操作水平的双创型高素质技术技能复合应用家具设计人才，为广西林产工业转型升级、北部湾经济区建设发展和国家乡村振兴战略服务。

二、育人思路

（一）构建文化传承创新平台

依托广西教育厅第三批民族文化传承项目建设了民族工艺（桂作家具）传承创新职业教育基地，创建了桂作家具大师工作室、桂作家具文化展示厅和桂作家具工艺实训室等文化传承创新场所，为桂作家具文化技艺的传播推广创造了实践条件。

（二）探索文化传承创新模式

与广西桂作家具有限公司、桂作家具技艺传承人共建产教融合的传承创新人才培养模式，拍摄桂作家具文化宣传纪录片，使传承更加规范、系统、科学。

（三）重塑文化传承课程体系

制定基于桂作技艺传承创新的家具艺术设计专业人才培养方案，调整课程结构、更新课程内容，推进艺术设计学院民族文化相关专业课程改革，基于特色课程开发《桂作系列家具产品开发》和《桂作雕刻工艺技能实训》校本教材，实现非物质文化遗产的科学传承。

（四）打造文化传承师资队伍

建立民间艺人、技艺大师参与的师资队伍，聘请非物质文化遗产传承人梁紫童、王建阳大师担任桂作家具和桂作雕刻工作室导师，选派专业骨干教师到南宁凌铁王雕刻工艺有限公司进行实践锻炼，提高年轻教师职业能力，优化专业教师队伍结构。

（五）开展文化传承社会服务

开办面向社会的桂作家具文化技艺传承培训活动，依托南宁工艺美术协会、玉林铁力木家具博物馆和王建阳大师工作室等文化企事业单位共同进行项目研发和产品创新，为地方经济建设服务。2021 年承办了自治区人社厅全国工业设计职业技能大赛（家具设计师）广西选拔赛，为区内相关院校专业和家具企业提供了文化技术交流平台。2021 年还承办了自治区人社厅全国工业设计职业技能大赛。

三、育人措施

（一）建立了“根植八桂民族艺术文化、培养定制家具设计人才”专业发展理念

只有根植广西民族文化艺术才能办出品牌特色，家具艺术设计专业坚持“民族工艺+智能家居”双轨制人才模式，依托桂作家具文化传承创新职教基地平台，以分段式项目化教学模式组织教学和培训，培养了大批具有强烈民族情感、深厚文化底蕴、较高审美境界和熟练操作技能的“创意、创新、创业”高素质技术技能定制家具人才，支持广西林产工业转型升级和服务国家乡村振兴战略。

（二）建立了“四位一体、通专结合”复合应用型高素质技术技能家具人才体系

为进一步适应当代家具产业对复合应用型人才的需求，在专业发展理念的引领下制定了“四位一体、通专结合”复合型创新家具人才培养体系。“四位”即家具产业链中的设计、制造、营销和管理，“一体”即民族技艺传承和家具产业服务一体化；“通专结合”指的是既精通“四位”中的某个领域，又熟悉“四位”中的其他三个领域的一专多能型复合人才。建立了基于桂作家具技艺传承创新的家具艺术设计专业文化育人教学模式，如图 6-1 所示。

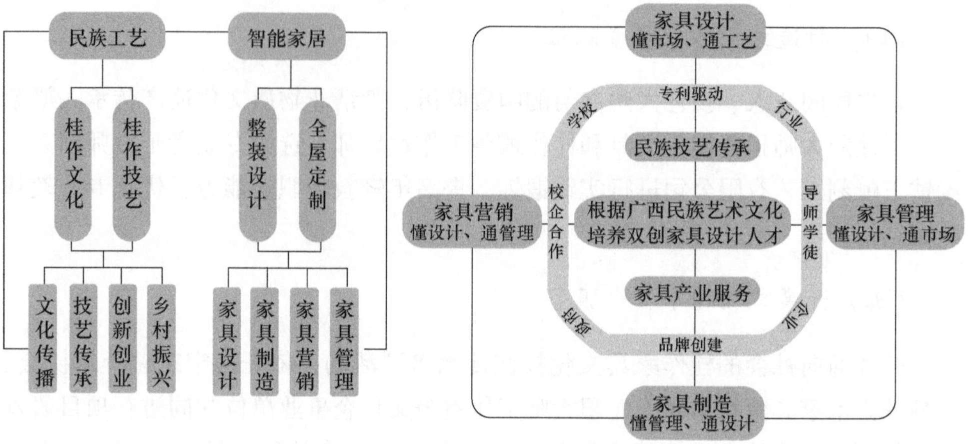

图 6-1 基于桂作家具技艺传承创新的家具艺术设计专业文化育人教学模式导图

（三）建立了“桂作技艺进课堂、项目分段有保障”的双向融合新型教学培训模式

桂作技艺持续发展的最佳途径就是通过分段式项目化教学，实现传承模式的标准化、规范化和系统化。将民族文化知识（如“桂作源流”）融入专业理论课程平台，将民族基础技艺（如装饰图案）融入专业基础课程平台，将民族核心技能（如榫卯结构）融入专业主干课程平台，依托桂作家具基地和行企资源，通过集中化的项目教学，在短期内强化学生对民族文化知识和桂作家具技艺的理解和掌握。图 6-2 为开展桂作家具制作的技能实训。

图 6-2 桂作家具制作技能实训

（四）建立了“设计项目+工作过程+行动导向”三联互动的“岗课赛证”协同机制

分段式教学主要针对以实践为主体的造型基础课程和专业核心课程，在模式上以设计项目为载体、技能证书为抓手，结合职业岗位的工作过程，以行动导向的方式完成一门课程的教学过程，并为下一门课程打好基础。专业将桂作家具研发项目和专业学科技能竞赛项目纳入“民族系列家具产品开发”实训课程，通过项目案例促进课堂教学与产品研发的融通，以岗定课、以产助教、以赛促学，在授课内容上与社会需求接轨，有效解决人才培养的适应性问题。图 6-3 为学生在创作方面获得佳绩，图 6-4 为学生在技能大赛方面也获得成就。

图 6-3　学生创作的新派桂式家具设计“梦古锦床”获 2018 年全国大学生工业设计大赛广西赛区一等奖

四、成效总结

文化育人在实施过程中要以文化教育学为理论指导，注重理论研究与个体案例相结合，通过对广西民族地区优秀木作传统文化技艺的实地考察调研获得原始数据，为基于桂作家具文化技艺传承创新的家具艺术设计专业人才培养方案制定和课程体系重构创造客观条件。同时，文化育人还要同专业教学深度融合，切忌将文化概念停留于表象的感性认知层面，需通过课程思政、技艺传承和劳动实践等方式，将抽象的文化符号具体化、直观化和项目化，通过课内课外专业教学内

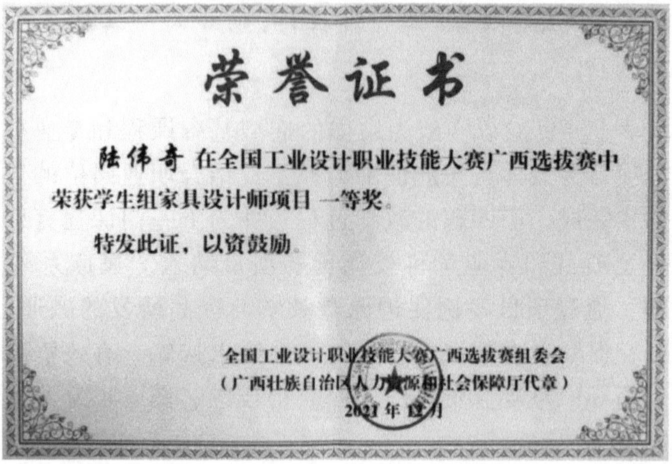

图 6-4　学生参加 2021 年全国工业设计职业技能大赛广西选拔赛（家具设计师）获一等奖

化于心外化于行，切实提升学生的专业文化素养，从而为专业技术技能教学提供智力支持。

广西机电职业技术学院家具艺术设计专业紧密结合广西传统家具文化特色和高端绿色家具产业发展需求，确立了“根植八桂民族艺术文化、培养定制家具设计人才”的文化育人培养理念，通过“民族工艺（桂作家具）传承创新职业教育基地”项目实施，建设了桂作家具大师工作室、文化展示厅和工艺实训室，同时还开创了“民族工艺+智能家居”双轨制专业建设体系和“四位一体、通专结合”复合型人才培养模式，实现了桂作技艺传承和家具产业服务一体化建设目标，为广西高职家具艺术设计专业建设和教学改革开辟了新途径；同时还首创“新派桂式家具”品牌文化概念，通过理论创新和设计实践，为广西传统工艺家具的产业化发展提供了新的方向，为高职艺术设计专业群文化育人教学改革实践提供了新的思路。

通过将桂作家具、桂作雕刻技艺融入人才培养方案，让学生了解并掌握广西传统优秀木作技艺，培养学生吃苦耐劳的劳动意识和精益求精的工匠精神，树立学生的民族文化自信。通过民族文化的熏陶和传统技艺的浸润，学院家具艺术设计专业 19 级学生在 2021 年全国工业设计职业技能大赛（家具设计师）广西选拔赛中荣获一等奖。以“文化育人”为主要途径，将“课程思政”融入专业课程体系，构建“三全育人”培养新格局，并围绕培养什么设计师、怎样培养设计师、为谁培养设计师主线，通过传承中国古代优秀设计技艺，树立学生民族文化自信，培养学生求真务实、向善尚美的审美观和德艺双馨、以德为先的职业观，践行和落实“立德树人”根本任务。

第二节 以文化人，精心服务灌溉育人之花

——构建公共管理学院“三全育人”新模式

党的十八大以来，习近平总书记高度重视“培养什么人、怎样培养人、为谁培养人”的根本问题，多次强调要全员、全过程、全方位育人。广西机电职业技术学院公共管理学院（以下简称学院）积极构建以“红色文化、传统文化、体育文化、志愿文化、网络文化”为内容的多元文化框架下“三全育人”新模式，提升学生综合素养，助力学生全面发展，推进学院“三全育人”综合改革走深走实，彰显文化育人特色，服务立德树人根本。

为突破当前“三全育人”建设工作中遇到的重点和难点，着力化解全方位不完善有盲区、全员未到位有短板、全过程未贯通有断点三大难题，学院紧紧围绕立德树人根本任务，有效整合各类要素资源，积极推进构建多元文化框架下的“三全育人”新模式。

一、传承红色文化，培育时代新人

深入挖掘红色文化的丰富内涵，从红色文化中不断汲取养分，让红色文化浸润思想，学院积极推进红色文化入教材、入课堂、入头脑，开展各类红色文化学习教育实践活动，着力搭建校外红色文化学习教育基地。学院积极推进课程思政建设工作，鼓励师生申报思政专项课题，积极开展课程思政说课比赛，开展多项红色研学旅游活动，组织师生先后到南宁市青秀山、老南宁历史文化街区——三街两巷、邓颖超纪念馆、南宁建制博物馆、百色市乐业县百坭村（时代楷模黄文秀生前所驻村）、中国乐业-凤山世界地质公园等地开展红色研学综合实践活动。其中，学院师生赴时代楷模黄文秀生前所驻村庄——百色市乐业县新化镇百坭村开展的实践项目获《人民网》深度报道。在中国共产党成立100周年之际，学院组织开展主题党课宣讲、读书分享交流、参观红色教育基地、观看红色电影等活动，进一步强化全院师生学史明理、学史增信、学史崇德、学史力行。学院开展党史学习教育学习研讨16场次，受众1200人次；结合党史学习教育开展主题党日活动6场次，参加人数达1100人次。学院党总支扎实做好党建带团建工作，指导学院团委开展“学习百年党史，汲取奋进力量”“青春心向党、奋斗我当先”“传承红色基因，学习红色文化”系列主题团课共计70多场次。此外，学院还大力推进与“美丽南方”爱国主义教育基地、广西民族博物馆、广西革命

烈士纪念馆等多个校外实践育人基地的合作关系，为推进红色文化学习教育搭建了良好的平台。

二、聚焦传统文化，坚定文化自信

学院注重“以文化人、以文育人”，通过主题团课、社团指导、专业课程等方式深入开展中华优秀传统文化。重点打造“中华优秀传统文化”主题团课，做好茶艺社、龙狮队、风信子文学社等社团组织的指导工作，以赛促建，推动各社团组织积极参加各级各类比赛。积极推动“传统文化进校”活动，开展六堡茶文化讲座与茶道体验活动，把六堡茶文化作为特色课程，做好“茶文化”校本课程开发工作，编写茶文化课程校本教材，全方位、多维度开展茶文化教学工作，充分利用特色课程组织学生学习了解茶的由来、种类、功效、制作、礼仪以及健康饮茶习惯等茶文化知识，拓宽学生视野。打造“互联网+职业教育周”工作模式，将茶艺与直播结合，以大众喜闻乐见的形式传播优秀传统文化，践行和弘扬社会主义核心价值观。

三、彰显体育文化，塑造强健体魄

学院积极响应建设体育强国的时代号召，以立德树人，培养人才为根本，构建体育“1+3”二阶段的课程模式综合评价体系改革。引入体适能 App 监测软件，有效激发学生参与体育运动的动力，加强体质锻炼，实现学生全面发展。将“教会、勤练、常赛”机制贯穿到学校体育工作当中，开展校内学生“阳光体育活动”的常赛模式，积极组织学生春季 3 人制篮球赛、花样跳绳赛、网球赛、气排球赛、乒乓球赛、第 49 届田径运动会等 6 项校内体育大型活动项目，参与人数多达 5000 人次左右，获得广大学生的热烈欢迎；积极选派师生参加各级各类体育竞技类赛事，2019 年，学院在广西壮族自治区第十二届学生运动会中斩获 12 枚奖牌，2020 年在第二届广西高校大学生跆拳道锦标赛获得 8 枚奖牌，2021 年获得第二届广西壮族自治区大学生舞龙舞狮锦标赛一等奖，学院学生在 2021 年全区大学生游泳比赛中斩获高职组 15 块金牌，学院武术代表队在全区大学生武术比赛斩获高职组 6 金 6 银、获得团队总分第二名的好成绩。学院还积极参加自治区级篮球联赛、乒乓球赛，并取得良好的成绩。图 6-5 为学院组织学生参加体育比赛。

四、弘扬志愿文化，展现担当作为

大学生志愿服务是大学生思想政治教育的有效活动载体。学院始终把大学生志愿服务工作作为“三全育人”的重要内容，逐渐形成以“专业技能为导向，

图 6-5　组织学生参加体育比赛

以乡村振兴为抓手，以疫情防控为阵地”的多方位志愿服务体系，培育了大批具有奉献精神和较高社会服务能力的优秀青年学子。

学院积极推进以学生专业技能为导向的志愿文化建设，以现代文秘专业实训为载体，打造“校内办公室助理”制度，结合各部门的用人需求，统筹安排文秘专业学生到校内各办公室协助办理各项工作，让学生在志愿实践中不断提升专业技能。此外，学院还积极承接校内外会务接待工作，组织文秘专业学生积极参与各类活动的会务及礼仪接待工作，如广西壮族自治区政协十二届九次常委会议、2019 年度国家香蕉产业技术体系工作总结年终考评会议、2020 年广西高职教学成果培育与申报经验交流会等，受到主办方的一致好评。同时，依托摄影摄像技术与数字媒体艺术设计专业，为校内各大会议、活动、比赛、课程录制等提供现场直播录制、视频美化剪辑等服务，将“我为群众办实事”与学生专业实践结合起来，打造志愿服务常态化机制。

依托学院对口帮扶村打造广西博白县水鸣镇新丰村大学生实践基地，学院选派的新丰村第一书记黄善禄老师带领学生到新丰村陈团屯开展乡村风貌提升工作，通过墙绘、乡村微景观设计等方式助力生态宜居美丽乡村建设，受到了村干部和村民的一致好评。

新冠疫情暴发，学院学生积极投身家乡的疫情防控工作，他们穿上防护服，在疫情防控志愿者岗位上奉献自己的青春力量。在学校 2021 年度共青团工作先进个人评选中，学院共有 81 名学生被评为新冠疫情防控“最美志愿者”。图 6-6 为学院组织学生参与新冠疫情的志愿服务工作。

图 6-6 组织学生参加疫情防控志愿服务

五、弘扬网络文化，传播主旋律

高校作为网络文化传播的主要阵地，发挥着重要的育人功能。学院积极探索网络文化育人的实现路径，以社会主义核心价值观为指导，依托摄影摄像、数字媒体艺术设计的专业建设为导向，着力打造“弘扬网络文明新风尚，传播网络文化正能量”的网络作品，坚持以习近平新时代中国特色社会主义思想为指导，积极践行社会主义核心价值观，拍摄、创作和剪辑了丰富的网络文化作品。目前，学院组织学生拍摄了主题丰富多样的微电影系列作品，2017 年，学院学生创作的《生命之源》和《骑单车的女孩》摄影作品，在第四届广西大学生网络文化节分别荣获创意类和校园风采类摄影三等奖；2019 年，学院学生拍摄的微电影《让微光点亮脱贫之路》荣获全区高校大学生微电影展示活动二等奖；学生创作的《哈哈乐园》荣获 2019 年大学生广告艺术大赛三等奖；2020 年，学院学生《不盲从，做自己》在第 12 届全国大学生广告艺术大赛获得广西赛区一等奖。2019 年，学院学生获得全国大学生广告艺术大赛广西赛区三等奖，2021—2022 年，获得了全国数字艺术大赛广西赛区一等奖 10 项，2022 年获得全国大学生广告艺术大赛国赛三等奖，学院学生参加广西职业院校技能大赛虚拟现实（VR）技术赛项获得区赛一等奖，并代表广西参加国赛。

高校是思想政治教育主阵地，是弘扬和培育优秀多元文化，是推进以文化人、文化育人的主阵地。构建多元文化框架下“三全育人”新模式，是新时期文化建设与文化育人，培育和践行社会主义核心价值观的迫切需要。学院积极促进多元文化融合，统合文化传承与文化育人，在文化传承中凝心聚力、育人育心，在深挖文化资源、打造文化精品中提升育人实效，在培养大学生理论素养过程中，知行合一、实践育人，增强其服务社会的能力，交出了一份“以文铸魂、以文化人、以文育人”的答卷。

第七章 网络、心理育人案例

第一节 创新网络育人载体，打造思政课综合实践教学管理平台

一、目标及思路

习近平总书记在全国高校思想政治工作会议上强调，要运用新媒体新技术使工作活起来，推动思想政治工作传统优势同信息技术高度融合，增强时代感和吸引力。这为高校推进网络思政提供了基本遵循。新时代网络思想政治工作的开展，应坚持守正和创新相统一，将互联网思维和技术融入思想政治理论课的实践教学改革之中，有助于提升新时代思政课的思想性、亲和力和针对性，增强高校思想政治教育的实效性。

以“00后”为主的青年大学生看待世界和进行学习的方式具有显著的网络烙印。青少年是最活跃的群体，而传统思政课往往不那么活跃，实践教学更是高校思政课教学改革的难点，长期存在着“难组织、难管理、难评价、难规范”及“重形式、轻内容”等“老大难”问题，教育教学效果亟待提升。与此同时，在产教融合与疫情防控的新态势下，异地学习、云上教学对如何组织开展思政课实践教学提出了新的挑战。现实困境倒逼广西机电职业技术学院马克思主义学院亟须以更加主动的姿态，创新思政课实践教学的内容及方法，化解思政课教学组织管理的难题与挑战。广西机电职业技术学院马克思主义学院根据教育部关于开展思政课实践教学的相关规范要求，结合思政课教学需要，创新思变，因时、因地制宜地推出了思政课综合实践教学管理平台，为思政课实践教学综合改革提出“机电方案”。

项目从实践教学的现实困境和教学管理需求出发，思“破题”之策、寻“解题”之法、行“答题”之道，创新开发出思政课综合实践教学管理平台。平台提供资源、服务、评价和管理等多种功能，方便教师和学生随时随地通过手机或电脑，完成项目立项、过程记录、教学管理、成果提交、考核评价等全部思政课实践教学流程。

思政课综合实践教学管理平台是广西高职院校首个上线运行的思政课实践教学移动学习平台，平台应用进一步凸显了高校思政课的时代感，有力地支撑“学

生在哪，思政工作就延伸到哪”的“大思政课”教学理念的实现，如图 7-1 所示。

图 7-1　思政课综合实践教学管理平台界面

实施方法和过程如下。

(1) 思“破题”之策：广泛调研，对症下药。广西机电职业技术学院马克思主义学院从 2021 年年底开始，对在校生、教学团队进行了广泛深入的调研，从中发现思政课实践教学组织和管理中存在的难点、痛点。

例如，学生因疫情防控的原因分批次返校，无法同步参与线下教学活动，另有一些学生在校外产业学院进行学习，校内校外人员“分类重组”。当大部分教学班级的建制已被打破，相当多学生无法与同班同学同步参加教学活动时，如何确保“停课不停教、停课不停学”目标的实现？如何切实维护教育公平，进而高质量地完成思政课教学？这些问题的解决有赖于教学方式和载体的创新，以信息化技术支撑思政课实践教学，能够激活传统课堂，让思政课从线下向线上延伸，打破固有空间限制，灵活应对各种“变局”。此外，在教学管理方面，大量手工作业、纸质堆叠的传统模式带来了较大的工作量，效率难以提高，且教学活动的组织实施和过程监督难度较大，亟须无纸化、信息化、过程化的改革方案，如图 7-2 所示。

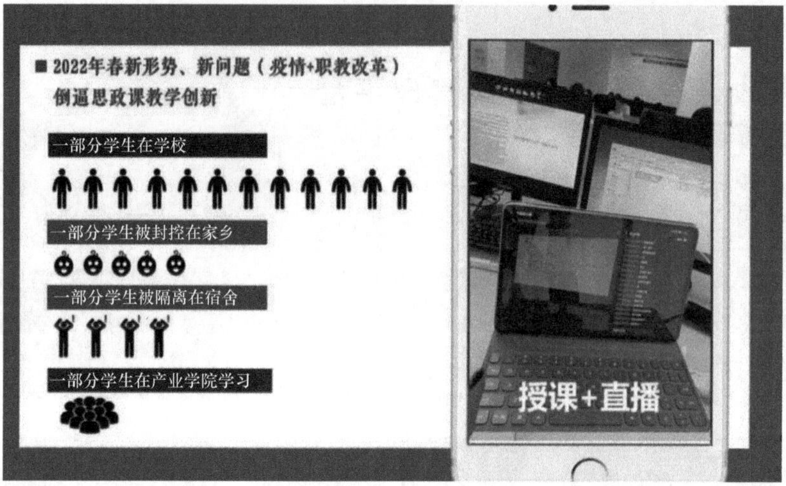

图 7-2 新形势倒逼思政课教学创新

基于此，2022 年年初，马克思主义学院决定开发融合高校思政教育传统优势和现代信息技术的思政课综合实践教学管理平台。平台功能以实现师生及时互动响应、教师随时跟踪教学过程、学生随地报交学习素材、兼容多种形式学习成果、兼顾管理效率与实用为目标，有针对性地解决众多难点堵点。

（2）寻“解题”之法：个性定制，服务教学。马克思主义学院与国内知名的教学资源供应机构合作，为平台建设打造定制化方案。经过与技术团队多次研讨和反复沟通，2022 年 3 月，思政课综合实践教学管理平台初步搭建完成，马克思主义学院部分教师对平台功能和流程进行多轮测试和反馈，技术团队根据收集到的信息进行及时、快速的响应和调整，不断优化完善平台功能。此后，马克思主义学院以部分班级为试点，推动师生在平台上进行项目立项、教学管理，依托思政课综合实践教学管理平台的思政课实践活动由点到面、循序渐进地展开。

为更好地将思政课综合实践教学管理平台应用于教学，马克思主义学院组织全体专兼职思政课教师进行了思政课综合实践教学管理平台应用的专题培训会，帮助教师深化对信息化教学改革的认识，掌握智慧平台的使用方法，促进实践教学工作的顺利开展。

马克思主义学院还通过梳理平台应用的常见问题及解决方法、制作学生使用手册折页等方式帮助初次接触平台的师生快速“解锁新技能”，助推思政课实践教学的有序进行。

（3）行“答题”之道：率先探索，应用推广。思政课综合实践教学管理平台的开发和应用，是积极建立现实和网络两个空间的全域性思想政治教育机制，实现在线离线整合，创新实践育人路径的有益尝试。截至目前，已有13000多名学生通过平台开展实践教学活动，下一步将推进在校生应用全覆盖。

思政课实践教学管理平台作为广西高职院校首个上线运行的思政课实践教学移动学习平台，其建设受到同行的关注，兄弟院校对马克思主义学院在信息化教学改革方面作出的积极探索给予了充分肯定，此举也为推进广西高职院校在新媒体环境影响下，共同应对全新的机遇和挑战、优化思想政治教育方式、提高教育成效等方面起到了积极推动作用。学院教师参加山东商业职业技术学院“尚德论坛”并做了题为《思政课教学与网络新媒体技术深度融合的思考与实践》的报告，其中深入介绍了思政课综合实践教学管理平台的开发应用。

二、成果成效

思政课综合实践教学管理平台的上线应用，受到了广大师生的认可和好评。众多学生反映信息化平台的应用让思政课很“潮”，实践学习进入了更灵活便捷的无纸化2.0时代。思政课教师获得了全新体验，审核、跟踪、评价过程精准高效，实现了教学管理自由。

马克思主义学院运用网络信息化技术探索思政课实践教学改革的先立先行受到同行院校、社会媒体的广泛关注。人民网、今日广西分别以《广西机电职业技术学院让思政课“活”起来》和《广西机电职业技术学院注重实践教学》为题，对马克思主义学院通过开发思政课综合实践教学管理平台从而推进教学信息化改革进行报道。

在新媒体时代，以信息化技术支撑思政课实践教学综合改革，优塑网络育人空间，坚持将互联网移入、泛在、嵌套于传统现实教育空间，探索增强网络思政实效，与现实空间的思政教育同向同行、无缝链接。

三、加强和改进计划

思政课综合实践教学管理平台在投入使用的几个月时间里，整体而言运行较为顺畅，为师生们进行思政课实践教学活动提供了无纸化、便捷化的网络平台，实现了思政课实践教学的创新与突破。

然而，作为广西高职院校首个上线运行的思政课综合实践教学管理平台，在部分功能和具体使用方面，还需要进一步地更新和完善。在短期内，思政课综合实践教学管理平台首先要解决部分功能不稳定、师生们对操作流程不熟悉等问题。长期来看，一方面，思政课综合实践教学管理平台还需建立起长效反馈机制，通过对师生们的报错内容、意见建议进行及时有效的采纳和整理，进一步提升平台的稳定性、易操作性；另一方面，马克思主义学院可增强对思政课综合实践教学管理平台的宣传和推广，与其他二级学院或兄弟院校形成联动，共同促进网络新媒体新技术与高校思想政治工作的融合。

第二节　以“德智体美劳”五育并举促进大学生心理健康

一场突发的新冠疫情将人们带入长时间的宅居生活中，带来学生生活方式改变、线上课堂教学、形式载体改变、就业形势严峻等问题。面对这些改变，学生难免产生心理焦虑、紧张不安等情绪，对其生活、学习和身体健康等必然会产生不良影响。为此，广西机电职业技术学院机械工程学院全面落实学校“三全育人”工作要求和疫情防控期间做好学生心理健康工作的要求，坚持以学生为本，多措并举，积极开展心理育人工作，从“德智体美劳”五方面开展特色活动，引导学生树立对教育和学习全面正确的认知心理，尽可能培养学生更广泛的兴趣，利用好各方面教育的互补关系，推进“五育并举”真正出成果、见实效，以助力学生全方位的成长，为学生的未来发展储存充足“养料”。

一、实施背景

2016 年 12 月，习近平总书记在全国高校思想政治工作会议上指出，要坚持把立德树人作为中心环节，把思想政治工作贯穿教育教学全过程，实现全员育人、全过程育人、全方位育人。2017 年 12 月，教育部发布了《高校思想政治工作质量提升工程实施纲要》，提出构建一体化育人体系和“三全”育人格局，落实十项重点任务，建立健全“三全育人”工作体系，使“三全育人”成为高校落实立德树人根本任务强有力抓手。中共中央、国务院印发《关于深化教育教学改革全面提高义务教育质量的意见》，提出以“德、智、体、美、劳”五育并举，构建全面培育的素质教育体系的具体措施。“五育并举”是适应当今时代发展的重要举措，科学、积极的心理引导是扎实落实“五育并举”不可缺少的化学反应催化剂，也是实现教育奋斗目标的第一助攻手，强尊重，加鼓励，引哲理，融时代，层层深入，在“五育并举”实践中用好心理引导的方法，并注重方向性、规律性和“三育”的资源建设，必然能在扎实推进“五育”落地的过程中，促进义务教育高质量发展，培养更多素质更全面的时代新人。

二、实施措施

（一）德育：系列读书分享会

引导学生牢固树立正确的世界观、人生观、价值观，养成爱读书、读好书、善读书的良好习惯，自觉做到学有所悟、学有所得、学有所成，引导学生正确看待生活中出现的问题，不是片面偏激处理问题，助力养成良好的心理状态，增强心理抗压能力。

“一本好书助成长”读书系列分享会计划开展时长为一年，针对学生不同时期的问题，进行书籍的选择。前期（9—12 月）选用的是树立正确价值观的相关书籍；中期（2—4 月）选用的是帮助解决学生迷茫，找准职业定位的书籍；后期（5—7 月）选用的是适应职场，提升学生职业素养，懂得为人处世的书籍。分享会的开展涉及不同领域不同题材，教师根据书籍特点巧妙设计问题和环节，带领学生共同阅读，针对性讨论问题，互动共鸣，会后结合自己的情况写出自己的感悟和启发。

（二）智育：最强大脑——CAD 软件应用比赛

组织开展了“CAD 软件应用比赛”。通过班干会议宣传比赛报名，要求班会传达。比赛通过初赛选举到决赛，学生都认真按照要求备赛，最后对决赛获得好名次的学生进行嘉奖和表彰，以赛促学，学生在专业活动中收获了成就感和自信，进一步提升了学生的自信心水平。

（三）体育：班级课桌操比赛

为进一步丰富校园体育文化，实现全民健身，促进身心健康。同时活跃课间气氛，消除在学习中产生的疲劳，提升学习效率，促进班级的团结协作，提高班级凝聚力。在全体 2022 级新生班级中开展课桌操比赛，比赛以短视频的方式进行参赛，并通过易班平台投票，选出最佳人气班级，在课桌操比赛和投票的过程中，很好地体现了班级的团队精神，对学生身心健康和良好班风的形成都起到了积极作用。

（四）美育：音乐为桥，寻找真善美

为舒缓高职生面临的学业、就业等各方压力，给高职学生找到一个有益的情绪宣泄出口、提高心理健康水平，开展音乐欣赏与心理健康系列活动，用一种最轻松、直接的手段提升学生的抗压能力和审美能力，从而促进学生的心理健康。辅导员在所带班级开班会动员，要求各班级利用团课、班会开展活动，组织全员

参与。通过欣赏古今中外的经典名曲，让学生感受不同地域、不同时空和不同风格的音乐魅力，激发学生对美好生活的憧憬与向往。

（五）劳育：最美劳动者——“最美6S宿舍”评比

为创造文明整洁、舒适安全的学生居住环境，将“校园6S管理”和“心理育人”做到有机结合，增强学生劳动技能，组织开展了“最美6S宿舍”的评选。辅导员召开班会动员学生按照《宿舍6S管理细则》整理宿舍，深入学生宿舍现场指导，同学们在整理宿舍的劳动过程中形成了乐观向上的心理状态。院学生会纪检部组织各宿舍评分，对“最美6S宿舍”进行嘉奖和表彰，进一步提升学生的劳动自豪感和成就感，培养大学生独立自主、阳光向上的健康心理状态。

三、实施成效

（一）德育：系列读书分享会

（1）项目效果。开展“一本好书助成长”读书分享会以来，不少学生由原来“以自我为中心”到现在考虑事情“以集体为大局”，从思想上有了很大的转变，在一定程度上使学生意识到了自我发展与国家发展有着直接联系，增强了责任使命感。

（2）师生评价。老师发现开展读书分享会之后，部分学生学习目标更加清晰，原来经常喜欢以各种理由不愿意参加班级活动的学生，近期有了比较大的改变，愿意积极参与班级事务，有一定的责任感和集体荣誉感。前期开展了“一本好书助成长”读书分享会后，学生反响热烈，思想得到了提升，表示希望能持续经常开展此类活动。

（3）校园影响。由试点班级向整个二级学院推广，学生积极参与每次读书分享会的报名，在分享会的过程中能帮助学生在不同阶段认识自我、认识他人，提升人际沟通能力，顺利通过不同阶段迷茫期，找准自己的职业定位。

（二）智育：最强大脑——CAD软件应用比赛

（1）项目效果。通过比赛锻炼了学生CAD应用能力，使学生进一步了解并熟悉CAD软件的使用，提高广大学生对实用设计软件的兴趣，提高广大同学的实践能力、竞技能力、竞争意识及未来就业竞争能力，提升全校学生的制图水平，丰富学生课余科技文化生活，提高学生心理的归属感和成就感。

（2）师生评价。CAD软件应用比赛活动是一个专业技能培育项目，对于活动的评价应既能体现师生的发展性，又能体现竞技性。CAD软件应用比赛活动，为学生的发展提供了一个环境，让学生在体验中学习、在实践中创新、在协作中发展。发展性的评价，给学生个性发挥、智力提升、技能掌握、能力构建以激励，挖掘学生思维，推动教育教学发展。

（3）校园影响。CAD 比赛给学生提供一个互相交流、互相促进的机会，增强同学们 CAD 绘图的能力；培养学生的动手实践能力、创新精神和实践能力，更好地适应信息时代对大学生提出的更高的实践操作要求，有利于形成浓厚的学术科研氛围，进一步培养勤奋、严谨、创新的良好学风，比赛现场如图 7-3 和图 7-4 所示。

图 7-3　比赛现场 1

图 7-4　比赛现场 2

（三）体育：班级课桌操比赛

2022级共20个班级参加了课桌操比赛，参加的学生超过了全院新生人数的80%，覆盖面广，影响力强。在比赛过程中，各班通过班歌、班服、口号等方式展示出了班级特色，选曲和表演各具特色，很好地展现出了班级风貌。比赛作品上传到易班平台，进行投票选举，促进了班级间的竞争意识和团结协作的精神，如图7-5和图7-6所示。

图7-5 课桌操比赛1

图7-6 课桌操比赛2

（四）美育：音乐为桥，寻找真善美

机械工程学院的学生多为理科生，他们整体对艺术的接触较少，处理问题比较僵化，通过组织开展“音乐欣赏与心理健康”等系列活动，学生们的情商水平有了明显的提高，活动获得师生们一致好评，在二级学院影响深远。

图 7-7 和图 7-8 为绘画育人班级活动照片。

图 7-7　绘画育人班级活动 1

图 7-8　绘画育人班级活动 2

（五）劳育：最美劳动者——“最美 6S 宿舍”评比

把劳动教育和心理健康相互融合具体举措，学生在项目中树立了正确的价值观，保持了积极向上的人生态度，培养了独立自主的人格，获得充实感和满足感，对于心理健康的各个维度产生正向的促进作用，获得师生们一致好评，在二级学院影响深远。举办本活动旨在发掘典型、树立榜样，全面提高广大学生劳动素养，营造良好的心理育人环境。通过“最美 6S 宿舍”评比活动加强德育的工作，如图 7-9 所示。

图 7-9 “最美 6S 宿舍”评比活动

第八章 管理育人案例

第一节 6S 精益管理，淬炼工匠之魂

一、引入 6S 管理，构建与企业文化接轨的校园文化

6S 管理源于日本企业的 5S 管理，是在生产现场中对人员、设备、材料等生产要素进行有效管理的一种方法，后来又引入了安全管理（Safety），称为 6S 管理。6S 管理对企业有不可估量的效果，校企合作是职业教育中的一个重要的人才培养模式，为突出广西机电职业技术学院机械工程学院（以下简称学院）的行业办学特色，在学生中培养企业文化意识，提高学生综合素质，增强就业竞争力，学院在 2011 年率先推行 6S 管理活动，开展 6S 管理理念和相关知识的教育，将 6S 管理与学院的基础管理相结合，形成自身的管理特色，与学院的内涵发展和双高建设相结合，落实任务，明确职责，规范行为；以 6S 管理为牵引，整治工作、生活环境和秩序，全面提高全院师生的素养，营造良好的育人环境，实现校园文化与企业文化的融合，为培养适合企业要求的高素质、综合技能人才打基础、做准备。

学院的 6S 管理目标任务（见图 8-1）如下。

（1）安全（Security）：关注、预防、杜绝、消除一切不安全因素和现象，确保二级学院安全稳定，打造平安校园。

（2）整理（Seiri）：区分要与不要的物品，清除一切不要的物品，变混乱为有序，扩大学习工作生活空间。

（3）整顿（Seiton）：将需要使用的物品按方便取用的原则进行调整，定位、定方法摆放整齐，明确数量，明确标示，用后还原，提高工作效率。

（4）清扫（Seiso）：消除脏污，保持教学、工作、生活环境干净整洁和工作设施设备处于良好的状态。

（5）清洁（Seiketsu）：将整理、整顿、清扫内化为每个人的自觉行为，并持之以恒。

（6）素养（Shitsuke）：全体师生文明礼貌，严守纪律和标准，形成良好的习惯和素质，提升人的品质，营造优秀的团队精神。

图 8-1 6S 管理目标

二、多措并举，扎实稳健推进 6S 管理

为全面推进校园 6S 管理，学院上下连心，克难攻坚，实行了一系列工作措施。坚持做到全员参与、全过程监督、全方位落实。

（一）成立领导小组，统一思想认识

早在 2011 年，学院就已推行校园 6S 管理模式。率先成立 6S 管理领导小组负责 6S 管理的全面推进，各小组成员负责具体统筹、协调、落实等工作，在学院内掀起探索精益管理的风潮。经过十年的发展，6S 管理早已逐渐融入学院日常管理工作。

为集思广益，发挥全员育人的作用，向全体教职工讲解6S管理的内涵实质，充分认识推行6S管理的重要性和必要性，共同探讨编制了《6S管理学习手册》，制定了规范的评价准则。将推行6S管理与学院基础管理、内涵发展、骨干建设相结合，学院以6S管理为牵引，整治工作环境和秩序，全面提高学院师生的素养，营造良好的育人环境。

（二）结合班会团课，全面铺开

各班级每周召开一次主题班会，让6S管理理念深入人心，如"学做事先学做人，在做事中学做人""6S管理与品质提升"等。班会中组织学生观看学院自己制作的《6S管理宣传片》，成立班级6S管理工作小组，以《学生手册》为核心，共同制定了班级6S管理工作方案并实施考核工作。提高学风、班风建设，提升学生整体职业素养，激发了机械学子们"比学赶超"的热情，如图8-2所示。

图8-2　数控2107班召开6S管理主题班会

（三）企业走访，实践出真知

6S管理工作是企业高质量跨越式发展的基本保障，企业采用6S管理旨在提升员工效益意识、厉行节约、减少故障。为健全完善校园6S管理长效机制，做细做实6S管理工作，机械工程学院组织师生定期进行企业走访，学习工匠精神。据不完全统计，学院老师每年走访企业30余家，如广西柳工机械股份有限公司、南南铝业股份有限公司、桂林市啄木鸟医疗器械有限公司等行业内龙头企业，培养提高学生职业素养，毕业生在就业中还可结合学院和企业的6S管理，一脉相承。

（四）宿舍整理，培养良好素养

辅导员深入学生宿舍现场指导，结合《6S 管理学习手册》的工作要求督促学生整理整顿，做到环境干净整洁、物品统一规范。学院学生会纪检部结合《6S 管理学习手册》的评分细则对各宿舍进行定期量化考核，奖优罚劣。评比结果与学生入党、评优、奖助学金评定、综合素质考评、学生就业推荐等直接挂钩。结合 6S 管理细则举办学生喜闻乐见的比赛，每个学期举办一场“寝室风采大赛”“最美 6S 宿舍评比”“安全文明宿舍评比”，形成了独具特色的宿舍文化品牌育人，如图 8-3 和图 8-4 所示。

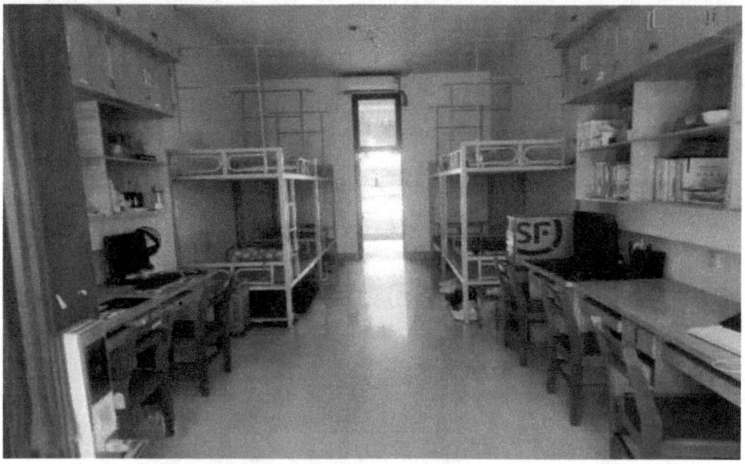

图 8-3 学院“最美 6S 宿舍”展示

图 8-4 学院“最美 6S 宿舍”颁奖仪式

（五）实训管理，提高作业品质

校园6S管理正式启动后，领导小组第一时间组织了实训管理员进行从理论到实践的培训，全方位引导实训师生逐步推进6S管理。6S管理中“安全”为重中之重，实训室的安全问题不容小觑。各实训管理员定期召开安全会议，深入思考、结合各实训实验室具体情况建章立制，根除安全隐患，解决了“实训室危险源在哪里，万一出事如何处置”等问题，做到工具整齐规范，设备定位合理，安排实训学生轮值清洁实训场所，不留死角，不留盲点，建设了具有学院特色的实训室安全文化，如图8-5和图8-6所示。

图8-5　学院实训机房秩序井然

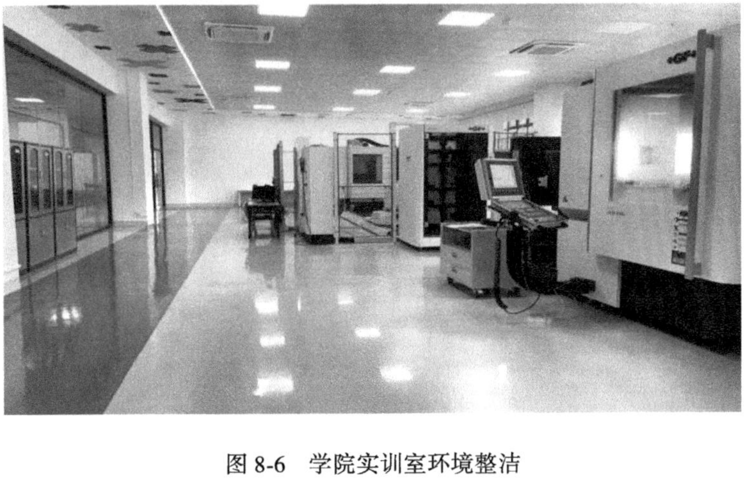

图8-6　学院实训室环境整洁

（六）办公区域整顿，提升工作效率

将需要使用的办公物品按方便取用的原则进行调整定位、摆放整齐，明确数量，用后还原。同时，办公室之间互相监督，要求做到环境整洁干净、物品管理责任到人，打造了学院形象一流的办公区域新面貌，如图 8-7 和图 8-8 所示。

图 8-7　学院办公区域干净整洁

图 8-8　学院教室干净明亮

以上措施分工明确，全员参与，落实责任。各专业团队负责人是本专业办公区和实训区 6S 管理的第一责任人，各辅导员是所带班级学生 6S 管理的第一责任人，各专任教师在课堂教学融入 6S 管理理念，充分发挥每个课堂的育人功能。各学生党员和学生干部在 6S 管理中发挥先锋带头作用，全体学生认真执行。在以上措施中积累经验，完善制度，形成了学院的育人特色。

三、成效显著，营造 6S 管理浓厚氛围

学院开始推行 6S 管理，通过从上到下实实在在地执行了 6S 管理中的整理、整顿、清洁、清扫、素养、安全要求，学院悄悄地发生了许多变化。

通过不断地探索和实践，摸索出一系列的 6S 管理的建设制度和经验做法，目前有 6S 手册一本，分发老师和学生自主学习。拍摄有 6S 管理宣传片一部，新闻报道一篇，现在不仅是实验和实训室内仪器设备整洁规范，办公区域也是井然有序，各类设施、物品摆放井然有序，不仅节省了老师和学生的办事时间，也提高了工作的效率，如图 8-9 所示。

图 8-9　学院实训室井然有序

校园环境变得更美化，更净化。学院已连续 10 年在每年学校的百佳宿舍评比中获第一名，宿舍内务获得了学校师生的一致好评。学院还自发组织学生会和团学干部每周对学院宿舍进行 6S 管理检查，以督促学生进行整理和整顿，如图 8-10 和图 8-11 所示。

图 8-10 学院辅导员到宿舍进行 6S 管理指导

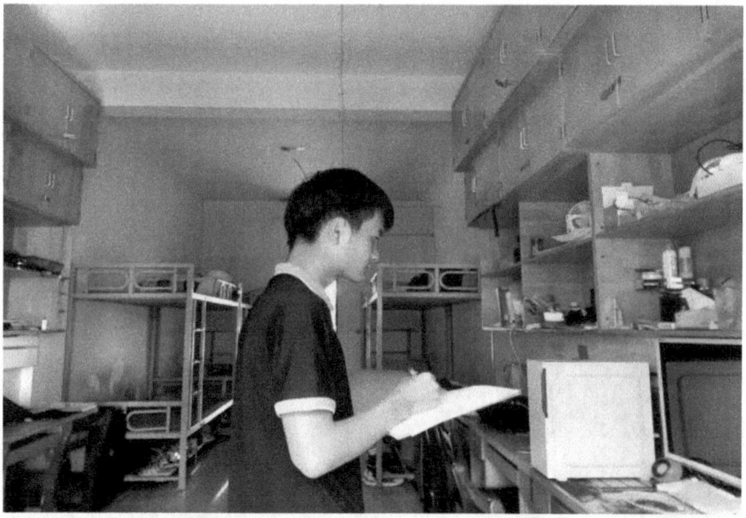

图 8-11 学院学生干部检查宿舍

（一）坚持全方面落实 6S 管理工作，坚持以身作则

随着 6S 管理的不断深入，学生思想观念的转变和素养的提升从口头逐步落实到了行动上，在开展 6S 管理的过程当中认识到了工作不仅要认真、细致、热情，还要严格按照相应的规范、标准执行到位，并随着循环性地学习、总结、改进，不断提高自己的业务水平和工作质量，从以前的"被动"接收到现在的"主动"思考，现在，学院师生在各自的工作和学习中都基本能够自觉做到现场

环境干净整洁，有序地安全工作，逐渐养成自主管理的工作习惯，形成了一种互相促进共同提高的浓厚氛围，实训教室如图 8-12 所示。

图 8-12 实训教室整洁有序

（二）全过程参与 6S 管理工作，学院安全工作更有保障

学生宿舍、办公区域、实训场所等都有明显的安全警示。每次开展实验或者实训课前，老师们都会先和学生讲解安全注意事项，增强了安全防范措施的有效性，降低了安全事故发生的可能性，如图 8-13 和图 8-14 所示。学院已连续 20 年为学院安全零事故院系，为教学管理等各项工作的顺利进行提供了有力的安全保障。

图 8-13 实训老师讲解 6S 管理要求

图 8-14 实训老师指导学生实训

（三）全员参与 6S 管理工作，营造 6S 管理浓厚氛围

6S 管理是一项长期的系统工程，学院将建立健全 6S 管理工作动态管理机制，把 6S 管理融入日常工作中去，以 6S 管理评估活动为抓手，继续完善细化 6S 管理评价标准和监督检查机制，做到长期坚持与短期强化结合，定期检查与定点检查结合，将 6S 管理融入学院管理体系，逐步形成长效机制，实现学院管理水平、工作效率的进一步提升。

第二节 密织交通经纬，齐奏育人乐章

——广西机电职业技术学院交通工程学院“三全育人”典型案例

广西机电职业技术学院交通工程学院（以下简称学院）在开展“三全育人”综合改革时，科学地将“三全育人”工作与自治区高水平专业群建设合为一体、协同发力、同步建设，经过充分论证后，巧妙地将相对概念性的“全员、全过程、全方位”重新标定后，转换成“坚持党的全面领导育人、遵循职业教育规律育人、探索改革创新育人”三项实实在在的举措；创造性地提出了“四有”管理育人理念为“三全育人”保驾护航，原创了“四教同心圆”辅助诊改法为育人改革把脉开方。最终全院上下合力，齐奏出了一篇全域式“三全育人”动人乐章。

一、主旨大意

学院通过研究“三全育人”的内涵与外延，重新标定“全员、全过程、全方位”。

（一）标定“全员”（人物）

“全员”不仅应当包括参与育人工作的学校和学院党政领导干部、各职能部门工作人员、专兼职教师、辅导员，也应包括企业一线指导教师、提供后勤配套服务的全体人员，如宿管员、后勤服务人员、安保人员等。与此同时，“全员育人”还离不开学生家长的积极参与和主动配合。

（二）标定“全过程”（时间）

对于学院来说，“全过程”应当理解为实施人才培养从过去（中高职衔接）、现在（高职教育）到未来（终身教育）的相对较长、相对稳定的一个连续的时间轴；对于单个学生来说，“全过程”又应当理解为从入校到毕业整个在校学习的全部。

（三）标定“全方位”（空间或地点）

“全方位”育人不仅指要求我们在育人场所上充分利用物理空间或物理方位实施育人，更要求我们在追求育人效果的维度上达到德技并修。

学院主动立足新形势、新发展，以“织毛衣”的工匠精神一针一线缜密地将纵横交贯、错综复杂的育人工作做细做实，且行且努力地全力写好包含上述“时间、地点、人物”三要素的“三全育人”这篇记叙文，最终齐力奏响育人乐章。

二、具体做法及措施

2019 年，学院汽车车身维修技术专业群荣获广西“双高计划”高水平专业群，学院随后决定将“三全育人”工作与高水平专业群建设合二为一形成合力，做成“一张皮”。在实践过程中经过反复论证后又发现，“三全育人”虽然科学、全面，但在实际操作层面，过于抽象、偏于概念、缺少抓手，若能把相对概念性的“三全育人”连同专业建设一并有效转化成一项项、一次次日常的教育教学活动，则“三全育人”工作便有了载体，也可具测评性，最终一定会收到事半功倍的奇效。

（一）坚持党的全面领导育人

学院坚持以习近平新时代中国特色社会主义思想为指导，坚持和加强学院党总支对“三全育人”工作的全面领导，主动发挥中国特色社会主义制度中的“党的全面领导”“落实立德树人根本任务”“优先发展教育”“集中力量办大事”“政府主导与社会参与”“促进终身教育”等教育优势，通过构建名师引领的“三全育人”组织架构、创新“四有”管理服务育人理念、积极落实教师党支部书记“双带头人”培育工程、主抓党建带团建、抓好“三全育人”工作考核等形式，积极建立规范、落实责任，共同构建全员、全过程、全方位育人格局，最大程度凝聚并形成强大的育人组织合力。具体举措如下。

（1）2020年，学院成立了彭朝晖国家教学名师工作室，同时引进了一批高层次人才，构建了由名师引领的“三全育人”总体架构，育人队伍也成功地实现了由“换血”到“造血”的蜕变，为保障党领导下的“三全育人”科学实施组建了“智囊团”。

（2）提出了“有温度的教育管理、有内涵的教学改革、有创新的校企合作、有保障的条件改善”的“四有”管理服务育人工作目标，为推进党领导下的“三全育人”有效落地提供了“着陆器”。

（3）在党建带团建方面，充分发挥学生党支部的服务育人功能，主动将精神铸魂作为核心点，通过邀请学校党委领导讲专题党课、开展生动的升国旗爱国主义教育、开展社会主义核心价值观主题团课等方式，进一步引导学生积极向党组织靠拢，自觉把爱国情、强国志、报国行融入个人成长发展规划中，为开展党领导下的“三全育人”形式创新树立了“方向标”。

2021年5月，学院党总支被学校推荐参加“广西党建工作标杆院系”评选，同年11月，学院又获广西高校第一批“三全育人”示范院系称号。

（二）遵循职业教育规律育人

2019年2月，国务院正式发布《国家职业教育改革实施方案》，其中开篇就旗帜鲜明地表明“职业教育与普通教育是两种不同教育类型，具有同等重要地位”，学院通过扎实研究职业教育的特点、本质、规律，挖掘出职业教育区别于普通教育的本质特征是一种适应需求的教育类型。

在明晰了职业教育的本质特征后，学院“智囊团”以提升职业教育（专业建设）的适应性为切入口，原创性提出了“四教同心圆”辅助教学诊改法（见图8-15），以区域产业需求（该教的）作为对标点，分别从△1（专业结构与产业结构之间的适应性）、△2（人才培养实施过程与企业生产过程之间的适应性）、△3（人才培养结果与产业人才职业标准之间的适应性）三个层面来详细分析诊断职业院校专业建设的适应性问题及现状，找到了“三全育人”工作和高水平专业群建设的突破口和落脚点，开展了一系列创新性的靶向改革措施。

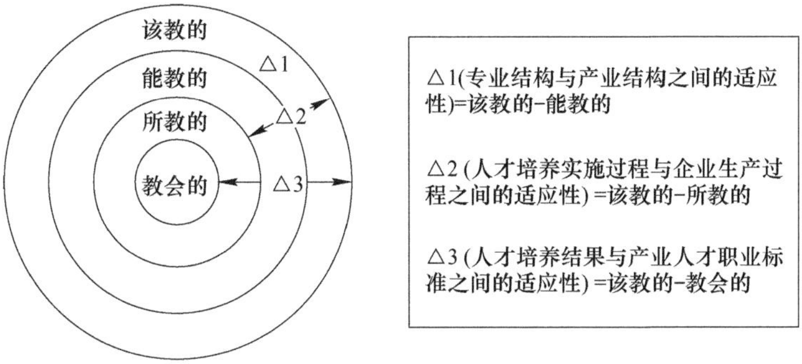

图 8-15 “四教同心圆”辅助教学诊改法

2021 年，学院将这一套遵循职业教育规律育人、体现“三全育人”成效的高水平专业群建设改革做法总结凝练成“基于诊断与提升职业教育适应性的高水平专业群建设实践”教学成果申报，最终荣获了 2021 年广西职业教育自治区级教学成果等次评定一等奖。

（三）探索改革创新育人

学院采用原创的“四教同心圆”辅助教学诊改法，揪出了制约汽车类专业群发展的主要问题为△1（专业结构与产业结构之间的适应性），精准找到了“三全育人”工作的重点、难点与着力点，随即开展了下列改革创新育人举措。

（1）成立机电-吉利汽车产业学院，探索实践“政校企”联动的“旺工淡学，二元四阶”成蝶式人才培养模式（见图 8-16），构建“实践（产业学院认识实习）-理论（校内理实一体化教学）-再实践（产业学院跟岗/顶岗实习）”新三段式课程体系，通过充分开展校企间的产教融合，成功地撬动当地政府部门加入育人工作、吸引企业最终成为育人主体，实现了政校企协同发力的“全员、全过程、全方位”育人。

（2）升级课程思政内涵，将课程思政的“观念上移”，提出了“专业层面的课程思政”。挖掘出专业所有德育元素并进行系统的顶层设计后，将专业相关的德育元素合理分配至各门课程，并融入各门课程的课程标准，任课教师严格按照课程标准实施教育教学活动，从而有效实现了专业所需的德育元素全覆盖，从多维度和连续性上避免了实施单门课程思政时容易出现的“遗漏”与“重复”现象，实现了课程思政层面的全过程精准育人。

（3）创新发展研讨会上举办公开课。针对学院毕业学生就业时普遍存在的“孔雀东南飞”现象，提出强化社会性教育，是将专业学生由“学校人”变成“社会人”不可或缺的一个培养环节。社会性教育主要是指侧重培养学生在“价值认同、社会能力”等方面的隐性适应性教育，通过结合课程思政提升民族自豪

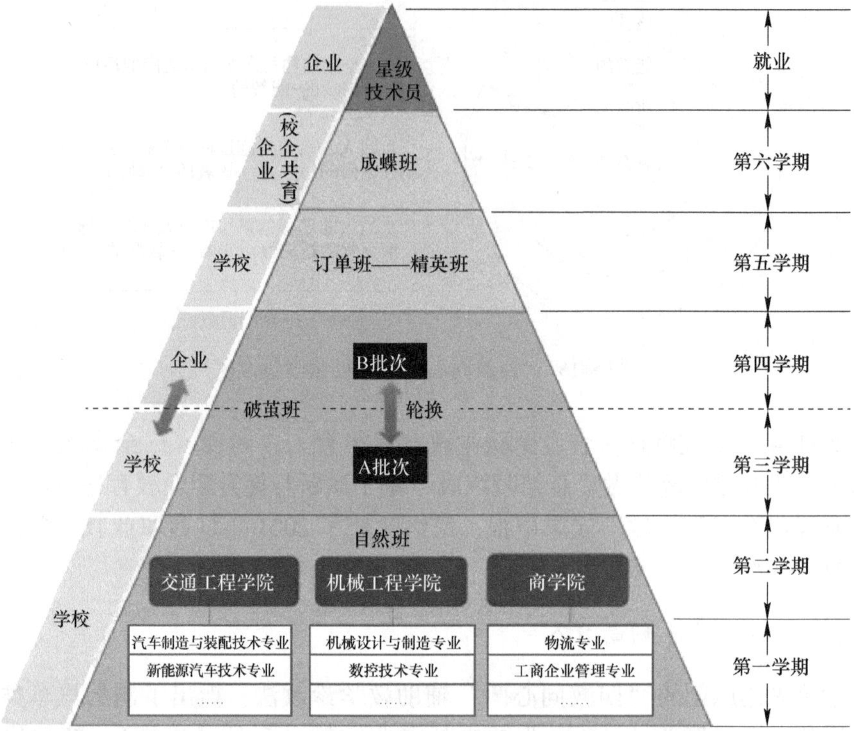

图 8-16 “旺工淡学，二元四阶”成蝶式人才培养模式

感、联合本土企业开展校企合作提升学生对本土企业认同感、结合岗位实习培养岗位职商等方式，实现了学院毕业生“实习实践东南飞、创业就业凤还巢”的“生生留本地”育人目标，进一步扩宽了思政育人内容层面的全方位。

（4）践行有温度的学生管理，将“三全育人”工作常态化，形成了无时无刻、见缝插针的灵活育人机制。如遇到学生在厕所抽烟、乱丢烟头，马上开展“厕所教育”主题班会，并设置吸烟角、集烟瓶等人性化应对措施；又如，学生到浙江吉利汽车产业学院实习，实习指导老师会全程随队，学院领导、专业教师、辅导员会全程线上关怀，实习中途，演绎了一场“千里包车送医”的感人故事；实习归来，领导、老师们在校门口列队迎接，使学生感受到学校的温暖，学会感恩。通过灵活的育人机制，润物细无声地开展育人工作，提高了“三全育人”的成效。

三、特点及成效

（一）学院“三全育人”的特色

（1）创新性地将“三全育人”与自治区高水平专业群建设形成了合力，做成了“一张皮”。

(2) 创新性地提出了“四有”教育管理育人理念，为推进党领导下的“三全育人”有效落地提供了“着陆器”。

(3) 原创了“四教同心圆”辅助教学诊改法，为精准开展“三全育人”改革提供了“听诊器”，为后续的靶向施策提供了“良方”。

(二) 学院“三全育人”的成效

(1) 学院荣获了广西高校第一批“三全育人”示范院系。

(2) 育人模式的改革创新及成效总结凝练形成的成果荣获了2021年广西职业教育自治区级教学成果等次评定一等奖。

(3) 近三年学生参加技能竞赛荣获自治区级一等奖2项、二等奖4项、三等奖2项。

(4) 近三年学生的就业率及就业质量没有受疫情影响，持续保持在较高水平，出口畅带来进口旺，学院招生量逐年递增，新设的新能源汽车技术专业每年招生达500~600人。

(5) 学院在“三全育人”方面的改革成效得到了《光明日报》、广西电视台、《广西日报》《南国早报》、广西八桂职教网等多家媒体的宣传报道。

第三节 冷处理、立心智、循循善诱

——面对班干部的“辞职申请”怎么办

辅导员是一项充满挑战性的工作，自工作以来，收获了不少育人经验，体会到了这项工作的乐趣，也倍感这份职业的艰辛，作为高校辅导员，我们应多去“引导”学生，通过引导，有效发挥学生学习的内在驱动力，树立良好的思想，助力大学生成长成才，让他们学会正确的自我管理、自我评价、自我教育。

众所周知，学生干部是班级里的梁柱，是教师的得力助手，引导学生关键要做好班干部的培养，给班级学生树立榜样，和他们的交流中我可以感受到他们在班级工作中有欣喜，有难过，也有郁闷。下面分享一个发生在我所带班级的学生干部的案例。

一、案例简介

一天下午，伴随最后一节课的铃声响起，同学们相继走出教室，我正在收拾课本和教具，这时候，团支书小Q从门外走到我面前，看得出她是等全班人离开后才进教室的，在他们班的“职业素养提升”的课堂上，我已经隐约注意到小Q在座位上总是会一直盯着我看，一副欲言又止的样子，想必她一定是有什么心事。果不其然，只见她十指交扣放在桌上，双眼下垂，咬了咬嘴唇告诉我：“陆老师，我不想担任团支书这个班级职务了，团支书在课后需要花费不少时间去处理班级工作上的事情，还得为团课活动筹备方案，已经占用了我不少时间，我想把自己更多的时间和精力都用在学习上，而且上团课的时候同学们都不配合开展活动，我怎么说他们都不听我的，总是在团课上做自己的事情。”说完话，小 Q 无奈低下了头，我在一旁听完，感到有些意外，因为在我眼里，小 Q 一直是一个聪明的女生，工作认真负责，尽心尽力，执行力好。可是这样能干的学生，怎么会突然要“辞职”呢？

二、案例定性分析

班干部辞职，会存在真辞职与假辞职两种情况，辅导员需深入了解学生的内心想法，倾听他们的心声，为他们点明“工作的预判”，即是否真的需要放弃这项班干职务。那么，我们在日常学生管理工作遇到的真辞职与假辞职是指什么，为何我们的学生干部会提出此类诉求，真辞职出现的原因是学生碰到了一直无法解决的困难，总是让其止步不前，遇到了难以逾越的鸿沟，屡次尝试解决无果，萌生“不想干”的念头；假辞职是学生借辞职的名义，向辅导员表达内心诉求，这种诉求通常也是学生工作时候遇到的困惑，抑或是挑战辅导员权威，借此侧面打探自己在辅导员心目中的位置，想通过提出辞职申请看看辅导员如何挽留学生，适当获取关注度。解决班干部一时间盲目做出的辞职决定也可归类到假辞职当中，这些盲目的决定都是综合了许多主观和客观因素造成，事后这一类学生都会后悔当初的决定，在学生管理育人当中，我们不难发现通常假辞职的情况会多于真辞职。

三、问题关键点

对于学生在学校出现的思想和心理问题，我总是会积极关注，主动应对，平时我也会关心学生的心理状况，鉴于对她性格和心理的掌握，我分析小 Q 有可能只是假辞职，多方面因素让她作出了较为草率的决定，想通过此类方式引起辅导员的关注，希望辅导员能够协调同学关系。

我梳理分析出小 Q 向我提出“辞职”有以下几个方面原因：

（1）班级琐事较多，学生感觉工作量大，有些力不从心；

（2）同班学生不配合团支书开展班级活动，把团支书为班级做出的劳动成果置之不理；

（3）个人担任班干部动机不纯，小 Q 认为自己担任团支书期间，学年第二课堂积分已经达到了学校要求的标准，对于工作出现了些许懈怠，自身价值观认识出现偏差；

(4) 来自家庭压力，小 Q 家里是从事医药类行业的，而小 Q 的父母希望小 Q 未来能够从事医药行业，导致现在的小 Q 有些迷茫不知该怎么办。

四、解决思路和实施办法

鉴于对她性格和心理的掌握，我对这件事采取了冷处理的方式，在和她的对话中，她反复提到很想马上辞去这项工作，总焦急问我什么时候可以把工作进行交接，但我并不打算按照她的意图立即在班级寻找新的班委，我选择推迟处理，让她有一个冷静思考期，这便是我的解决思路和实施办法。

(一) 认可学生为班级的付出

首先，我肯定小 Q 为班级作出的贡献，她的尽职尽责每一个同学都看在眼里，从同学的口中我知道，班级的每一份资料她都会亲自把关，一开始我会尝试说服小 Q 继续担任，告诉她平时注意协调好工作和学习的关系，不要因为家庭给自己太多的压力，同时我认可她为班级的付出，但在谈话过程中未表现出过分挽留的态度。

(二) 端正学习态度，不断超越自我

指出小 Q 要端正当班干的态度，而不是着眼于眼前个人利益，我引导小 Q，让她正确认识第二课堂，第二课堂积分并不能只局限在“过了标准”就万事大吉，而应该着眼于向更好的方向，开设第二课堂是为了让学生更好地在“德、智、体、美、劳”方面全面发展，这是大学生素质教育非常重要的部分，课堂之外的新育人载体，能够有效促进学生成长，作为班干部应该树立正确的价值观，为班级学生树立榜样，要本着服务的精神，从集体角度出发。

(三) 推迟处理，给予学生“辞职冷静期”

因为我初步判断小 Q 大概率是假辞职，所以没有在现场最终决定，而是继续推迟处理，先给小 Q 一个为期 7~10 天的辞职冷静期，让她担任最后一个礼拜的临时团支书，即使是最后一个礼拜，她仍然需要肩负团支书的工作，我假装告诉小 Q 下周物色新团支书人选，给她一个出其不意。

(四) 师生共同帮助小 Q 突破瓶颈

我专门开班会向全班强调纪律问题，并向班委以及小 Q 的好友讲述了这件事，让他们一起做小 Q 的思想工作，争取让她继续担任团支书，虽然小 Q 一时乱了心智，但她本质还是不错的，要求其他班委配合团支书开展更多形式的团课活动让大家参与其中，团课是全班的参与，大家应该一起出力去想活动方案。

（五）给予心理上的刺激物——损失厌恶

在哲学、金融学中，损失厌恶是人类天性中的一种，也就是大家常说的失去了才懂得珍惜。我再次找到小Q，把她约到操场，告诉她我打算和其他班委一起通过现任班干部调动的形式来选拔新任团支书，问她是否做好这个决定，现场的小Q似乎有些犹豫，欲言又止。

（六）调整心境，重新出发

眼看“火候”差不多了，小Q终于主动找到我，看得出她有小小的愧疚，她后悔作出辞职的决定了，向我承认了这个行为的草率，辜负了老师和同学对她的信任，以及对个人不纯动机的反省，小Q思考了一个星期，希望能够继续为班级服务，做好团支书这一职务。

这是我在工作中遇到的一件印象比较深刻的事情，但不管未来遇到的是大事还是小事，作为学生成长路上的引路人，都要展现“育人为本、无私奉献”的精神，助力大学生系好人生的第一颗扣子，将自己所学的环境设计专业与教育教学、学生工作相结合，努力在工作岗位上创造不错的业绩，实现自我价值。

五、经验与启示

一个班级的团结与否很大程度上取决于班干部的影响力，关键需要做好学生干部的培养工作，做人的工作贵在相知，俗话说“知己知彼，百战不殆”，辅导员只有深入学生，了解学生，真正掌握学生的心理，把握好谈话的火候，适当给予合理刺激物，进而才能正确引导他们的行动。

第四节 创建无烟校园，我们在行动

一、背景

吸烟和二手烟不仅危害成年人的健康，而且还严重影响青少年的健康。广西机电船业技术学院机械工程学院（以下简称学院）第三实训楼梯、洗手间等地方常见有学生在抽烟，并随地乱扔烟头，给其他学生学习环境、校园生活环境造成影响，烟头还会引起火灾等安全隐患。为此，从学院2020级和2021级在校生抽取2372人，调查发现有388人抽烟，吸烟率为16.36%，且烟龄基本上都是1年以上，甚至有10年烟龄，说明不少宿舍成员都遭受二手烟的危害。

2010年6月，教育部办公厅、卫生部办公厅联合发布《关于进一步加强学校控烟工作的意见》，明确指出，创建无烟学校，教育教职工和青少年认识到吸烟和二手烟的危害，以最大限度地保护教职工和学生的健康。学院响应文件要求和精神，为营造无烟、清新、健康的和谐校园，提高学生的健康意识，倡导健康文明的生活方式，结合学院实际情况，决定在全体学生中开展“创建无烟校园，我们在行动”活动，实现全面无烟目标。

二、指导思想

以习近平新时代中国特色社会主义思想为指导，加快推进《健康中国行动(2019—2030年)》控烟行动实施，科学引导青少年树牢公民是自己健康第一责任人的意识，全面营造校园无烟环境，筑牢青少年“拒绝第一支烟”的社会环境，保护青少年身心健康，促进青少年从小养成良好行为习惯，加强师生健康知识教育和控烟舆论宣传，进一步提高广大师生对吸烟危害的认识，积极主动参与控烟、戒烟活动，努力营造无烟、清洁、健康、和谐的育人环境。学院从2022年6月初已开展“创建无烟校园，我们在行动”活动。

三、具体措施

（一）强化责任意识，夯实工作基础

学院首先成立以党总支书记（院长）作为“无烟校园”工作的第一责任人，党总支副书记分管并为直接责任人，协助党总支书记（院长）抓好统筹协调落实工作，以辅导员和实训室管理员为主，以学生志愿者为充实力量的无烟校园工作组，召开创建无烟校园工作会议，统一思想，形成齐抓共管、各负其责、协同推进的工作格局，增强“无烟校园”创建工作的责任意识和使命担当。

（二）创新工作方式，增强工作效果

充分利用主题班会、海报、橱窗、宣传标语等各种形式，对师生开展吸烟有害健康的宣传教育，培养师生良好的行为习惯，增强师生的自我保健意识与能力。在实训楼内、厕所等地方设置“禁止吸烟”等禁烟标志。利用团课学习等各种途径，在学生学习生活中开展控烟、戒烟、禁烟教育，使控烟、戒烟成为学生的自觉行动。

做好创建无烟校园的总结工作，表彰好的班级和典型，并研究实施长效控烟机制，如图8-17所示。一是积极组织师生开展“远离烟草，珍爱生命”主题活动，教育全体师生统一思想提高认识，自觉禁烟；二是积极开展组织板报展评等活动，促进控烟活动稳步有实效地开展；三是将吸烟有害健康的内容纳入健康教育计划，充分利用团课与主题班会对学生进行教育，培养学生良好的卫生习惯。

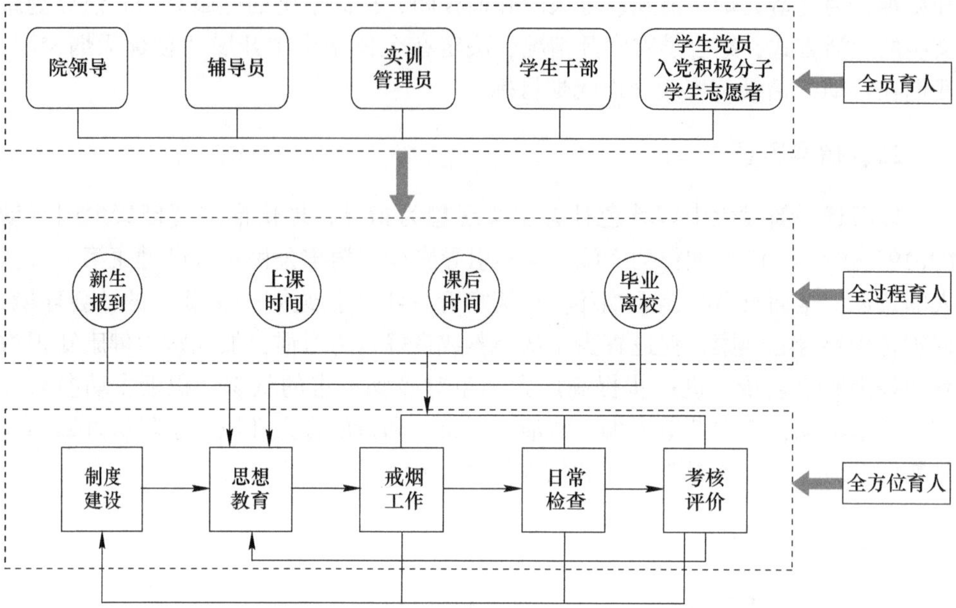

图 8-17 机械工程学院禁烟工作“三全育人”机制运行示意图

四、落实措施

（1）在实训楼门口处悬挂“吸烟危害健康”的海报，在教室、走廊及公共场所张贴禁烟标志，在第三实训楼两个门口放置宣传海报和焊接中心实训室门口放置一张宣传海报。

（2）各班召开创建无烟校园主题班会，每个班级设立无烟校园宣传员。

（3）学院成立无烟校园巡查小组，巡查小组成员佩戴袖章每天在实训楼内进行监督检查。

（4）学院领导将不定期到每个班级对学生进行思想品德和吸烟危害健康的宣传教育，积极为学生创造一个安宁、清洁、健康的学习、生活环境，让学生远离烟害。

（5）利用团课、座谈会等各种途径，在学生中开展控烟、戒烟、禁烟教育，使控烟、戒烟成为学生的自觉行动，提高学生的控烟能力。充分利用心理健康教育课、主题班会、海报、易班工作站等各种形式，对学生开展吸烟有害健康的宣传教育，培养学生良好的行为习惯，增强学生的自我保健意识与能力。召开有吸烟习惯学生的座谈会，做到思想通、决心大、行动实，最终内化为自觉戒烟的良好习惯，从而不影响其他人工作。

（6）为使无烟校园工作深入开展、持久有效，制定必要的监督制度，与学生签订“禁烟”协议，将活动成果与综合测评考核挂钩，与评先树优结合，使“禁烟”活动成为大家的自觉行动。

（7）无烟巡查小组定期进行巡查和卫生清扫。

五、成效

通过不断探索与实践，摸索出一系列的“无烟校园”建设制度和经验做法，这些经验做法可借鉴和复制，既可以应用于本学院，也适合其他院系借鉴开展试点建设。

拍摄无烟校园宣传片一部，新闻报道一篇，教学场所和宿舍生活区抽烟人数锐减，烟头乱丢现象得到很大改观。

（1）全方位落实禁烟工作，注重思想教育，坚持以文化人。在潜移默化中解决思想问题，让学院的禁烟工作得到广大学生的理解和支持，保证工作顺利开展，从根本上解决学生吸烟问题，促使学生养成良好行为习惯。“吸烟有害健康”是社会共识，禁烟工作的开展中坚决纠正个别学生吸烟行为，明确反对不健康生活习惯，使学生树立正确的价值观，阻断学生间不良行为模仿，形成培育良好行为习惯的整体校园氛围。

（2）全过程关注禁烟工作，激发行动自觉，形成价值共识。利用学生的朋辈教育、榜样树立等形式促进良好习惯养成。把禁烟思想融入人才培养和素质教育范畴，最终达到学生对禁烟工作的价值认同和情感认同。通过价值引领，让吸烟行为成为校园公敌、人人厌恶，禁烟成为学生的行动自觉、人人追求，禁烟成为校园共同的健康价值追求，建设健康的校园文化，无形中也达到消除校园中的安全隐患的效果。

（3）全员参与禁烟工作，营造生活氛围，培养情感认同。禁烟工作不仅纠正学生吸烟行为，还通过生活环境的打造、人文素质的培育，提高学生对禁烟工作的情感认同。通过禁烟工作的开展，让广大青年学生从思想上认识到健康的重要性，从行为上参与校园健康行动，培养健康习惯，塑造健康校园环境。

第九章 资助育人案例

第一节 心系困难学子 爱心助力成长

广西机电职业技术学院电气工程学院B班小Q（化名）同学，父母离异，父亲劳教，弟弟8岁，在读小学，兄弟俩一直和年迈多病的祖父母一起生活，家庭经济的主要来源是城市低保，是一个家庭经济困难的学生。这些经历使他内心产生自卑心理，不愿意融入群体，导致他逐渐养成了不喜欢与人交往、独来独往的孤僻性格，在生活中也几乎没有朋友。在学习上，他认真刻苦，在班级工作上，他认真负责。但不管是学习还是工作他都鲜与同学交流，大都是单打独斗，大大降低了学习和工作的效率，有个别科目成绩较差。

一、资助育人——精准识别，精准帮扶，解决困难

根据学校提供的全国资助系统数据初步了解到家庭经济困难学生的基本情况。通过仔细对比国家“四库数据”了解到小Q是城市低保户，符合资助条件。

（一）由学生提供家庭经济困难申请材料，进一步了解到家庭经济困难学生的实际困难

2021年9月30日中午，辅导员在电气工程学院辅导员办公室主动约谈小Q同学，深入了解他的家庭情况及现实困难。通过坦诚交谈，了解到小Q是一个单亲家庭，父母离异，父亲劳教，他和弟弟一直和祖父母一起生活，家庭经济的主要来源是城市低保，祖父母年老体弱多病，家庭的收入大部分用于祖父母的看病吃药上，兄弟俩的学费及生活费主要是靠假期去打工赚点辛苦钱来维持。了解到他的现实情况及实际困难后向他说明国家资助政策及学校的帮扶措施，让他放下思想包袱，鼓励他积极主动提交困难学生认定申请材料，争取得到政策帮扶。

（二）充分发挥班级同学对需要认定家庭经济困难学生的评定作用

通过成立班级困难学生认定评定小组和监督小组，并指导他们做到公平公正公开地进行综合评判、识别、认定家庭经济困难学生。最终小Q被班级困难学生认定小组认定为A档家庭经济特别困难学生，根据资助政策他可以享受学费减免、申请勤工俭学岗位等政策帮扶，切实帮助他解决实际困难，并于2021

年12月鼓励他申请勤工助学岗位，他也积极努力顺利通过了面试，现在学院保洁部门工作。通过以上经济帮扶政策，基本上可以解决小Q上学的经济困难问题。

二、服务育人——制定规划，耐心引导，增强自信

（一）倾听心声，用心服务

辅导员多次到他的宿舍，发现小Q经常一人独处，鲜少与宿舍同学交流。在发现他有经常性情绪低落等异常情况后，辅导员多次主动地找他沟通，认真倾听他的心声。交谈过程中，以共情的方式认真倾听，其间通过讲述辅导员也是农村出身及自己艰苦奋斗的经历，鼓励他不要太在乎别人的眼光，做好自己，以此拉近和他的距离，让他放下心理包袱，获取他的信任，确保做到坦诚交流，有效沟通。同时在交谈过程中了解挖掘他身上的长处，讲述一些学校校友的成功案例，引导他可以扬长避短，不要自卑、悲观，要怀着感恩的心，做到心中有阳光，树立信心，积极向上，努力学习，艰苦奋斗。

（二）分析原因，采取措施

结合小Q的家庭成长环境、性格特点等多方面因素，辅导员开始认真分析他性格孤僻、难以融入群体的内在原因并采取有效的应对措施。比如指导他做好个人诊改和职业规划，通过诊改分析帮助他更加清晰明确地了解到自身存在的问题，并能够根据自身存在的问题制定科学合理的目标和职业规划，帮助他树立正确人生观、价值观。同时，根据他制定的目标和规划及时跟进了解他完成的情况和情绪变化，让他感觉到老师的诚心和对自己学业的关怀。比如，有一次他跟辅导员反馈他宿舍有一位同学不注意个人卫生，弄得宿舍内务很差，还经常玩游戏影响到其他同学休息，他作为宿舍长不知道如何处理，导致他有些烦躁。首先，辅导员耐心安抚他遇到这样的事情一定要冷静，妥善处理，辅导员建议他先跟这位同学坦诚沟通说明问题，争取这位同学的理解，并以劳动教育实践为依托，做好宿舍内务整改，把宿舍存在的现实问题及整改后的情况以PPT的形式在班级劳动课上进行展示；同时，辅导员也找了该同学了解情况，对他进行批评教育，引导该同学正确对待，积极改进，敢于把问题拿出来剖析，供大家学习参考。通过这样不仅提高了他处理人际关系的能力，也提高了他的工作、学习能力，使他的目标和规划能够落地实施，进一步增强他的成就感和自信心。

（三）合力帮扶，爱心感化

召集班委，与班委探讨帮助困难学生的办法，与任课老师交流探讨如何更好

地帮助学习困难的学生，合力帮扶像小 Q 这样的困难学生，通过老师和同学的爱心去感化他，引导他调整心态、建立自信、重塑自我，懂得感恩，形成健康的、积极上进的学业发展观。

三、实践育人——知行合一，自强弘毅，不断超越

引导小 Q 参选班委，让他积极参与到班级的管理工作中，增加他和同学们交流的机会，有助于帮助他克服社交恐惧，更好地帮助他融入班级，进一步提升他的工作能力。自从他担任班级学习委员后，他也发生了明显的改变。比如他会主动联系各科任课老师，主动承担学习委员职责，积极配合任课老师协调好本专业专业课的课程安排、考试等工作，并积极主动帮助同学们解决学习上遇到的问题，作为学习委员他也能做好表率，积极参加实训活动，做到知行合一，不断提高自身专业实践能力。

教育引导小 Q 要继承和发扬“知行合一，自强弘毅”的校训精神，学习上要做到劳逸结合，艰苦奋斗。比如鼓励他要加强体育锻炼，坚持每天跑步，完成学校每学期的体质能课程 20 次跑步任务，不断提升身体素质，做到强身健体将革命进行到底。比如鼓励他积极参加校园心理情景剧等校内各项活动，通过参加这些活动促进了他与同学之间的交流，提升了他与同学们团结协作的能力，加深了他与同学之间的感情。进一步激发了他对生活的体验，帮助他提高善于发现、思考及解决自身问题的能力，培养他艰苦奋斗的精神。

在实训课堂上小 Q 总是最认真的那一个，遇到不懂的问题能够虚心地向老师请教，在老师的悉心指导下他也总能很快地把老师交代的实训任务按时按量高质量完成。通过实训实践磨炼自己，有助于帮助他学到理论课堂上没有学到的东西，也使他加深了对自己专业的认知，从而确定了自己以后的努力方向，最终实现不断地超越自我。

像小 Q 这样的学生还有很多，作为一名高校辅导员是学生成长成才的人生导师和健康生活的知心朋友，不仅要不打折扣地贯彻落实“三全育人”工作要求，同时也应该像春雨润物般关心、关爱每一位学生，帮助学生解决实际困难，把学生培养成德才兼备、全面发展的社会主义合格建设者和可靠接班人。

第二节 资助育人，树立学生自信

杨同学来自广西百色隆林县一个贫困的农村家庭，父亲在杨同学 9 岁那年去世，父亲去世后全靠母亲外出打工给杨同学和他的哥哥挣生活费，母亲操劳患病，哥哥早早选择了辍学，家中只留杨同学一个人在校读书。杨同学 19 岁时，

母亲被确诊为癌症，于2020年8月过世。哥哥从杨同学高中开始承担了家庭的重担，负责杨同学的学杂费及生活费。

杨同学属于事实孤儿，主要依靠哥哥抚养，原建档立卡贫困户，能顺利到高校就读得益于我国的各项帮扶政策，入校前申请了生源地贷款，入学后帮扶人在村委会申请了“雨露”计划，杨同学在校内申请了困难认定，经评议认定困难档次为A档，为减轻家里负担，一年级的时候都是在校外兼职发传单、做分拣快递和服务员等相关工作，二年级在辅导员的帮助和指导下申请勤工助学，担任艺术设计学院办公室助理。

经过一段时间对杨同学学习生活的观察后发现，杨同学刻苦学习，勤勉工作，学习成绩优异，通过不断参与各项活动提升自己，在校内播音部担任播音干事，班内担任组织委员，积极参加校内各项活动，并考取了普通话与职业技能证书。

此案例反映的是贫困生帮扶，学生励志成才。

一、解决思路及实施办法

问题关键点：学生在学校老师及学长学姐的指导和带领下找到适合自己的领域。

家庭成长环境、学校氛围与个体的心理健康水平关系密切。案例中的杨同学，虽是孤儿，但是得到哥哥的照顾，入校后在老师及学长学姐的带领下，积极参加各项活动，得到了师生的高度认同与肯定，在校期间，通过各类活动提高了自身的综合素质，通过播音与演讲，提高了自信与胆量。

对于杨同学的在校表现，校内师生是给予高度评价的，国家和高校的资助能切实保障家庭经济困难的贫寒学子得以顺利完成学业，资助育人工作，不仅要解决学生的生活困难问题，更要做到授人以渔，因此，在此基础上加强德育育人工作，给予学生正确的引导和关爱，能有效增强学生的自信。

（一）通过经济资助，解决学生实际困难

针对杨同学的情况，在贫困认定、减免学费以及评选国家助学金的同时，鼓励她参与学校的勤工俭学工作，通过付出劳动换取报酬来补贴生活开销。既解决学生实际经济困难，也能让学生从生活实践中得到教育与启发，明白只有付出劳动才会有所收获，让学生切身切实体会到作为当代大学生，通过自己的努力，是能创造出属于自己的一片天，得到美好的未来。

（二）通过谈心引导，培养学生树立自信

通过与学生谈心谈话，了解学生学习、身体、心理、思想以及家庭情况，对

其进行正面引导，教育学生要努力学习，勤勉自立，通过自己的双手创造美好未来，将来回报社会，实时跟进学生情况，针对良好表现及时给予肯定，要激励激发学生的上进心。通过开展爱党爱国教育、感恩教育等一系列活动，树立学生正确的人生观、价值观，让学生常怀感恩之心，传承教育理念，真正发挥国家资助育人的功能。

（三）培养“传帮带”精神，促进同学共同成长成才

在老师的培养、学长学姐的有效引导下，杨同学在播音与主持方面不断提升自己，并在二年级时主动带新人，形成了“以老带新”“传帮带”的良好氛围。杨同学在校期间，以自身榜样示范引领感染着学弟学妹，不仅能有效地树立自信心，获得前进的动力，更能明确奋斗目标，鼓励着有同样经历的同学积极向前，携手并进，实现资助育人的初衷与使命。

二、经验与启示

经过一系列的育人工作，杨同学的综合素养得到进一步提升，并于2021年取得班级综合素质第一的好成绩，考取了普通话与职业技能证书；同时杨同学也是自治区受助学生讲党史宣讲团成员，在校园之声广播站担任播音部干事，在二级学院内担任办公室助理，2021级班助、班内担任组织委员，身兼多职，并能很好地完成各项工作任务。

杨同学积极参加校内各项活动，在校期间获得学院荣誉若干项，分别是：2020年被评为“优秀共青团员”，2021年被评为“优秀学生干部”，2020—2021年荣获国家励志奖学金，2020—2021年荣获学业综合奖学金三等奖，2021年荣获“爱我国防”演讲比赛三等奖，2021年荣获“颂党恩、兴中华、筑梦想”诵读大赛一等奖，2021年荣获“感党恩跟党走，助学筑梦成才”资助演讲比赛三等奖，2021荣获“受助学生讲党史”宣讲比赛三等奖，2021年被评为“优秀共青团干部”，2021年荣获第七届中国“互联网+”大学生创新创业大赛艺术设计学院选拔赛一等奖，2022年5月荣获广西机电职业技术学院“青春献礼党的二十大 助学筑梦铸信念”的资助主题演讲比赛二等奖，2022年6月荣获“第十届未来设计师，全国高校数字艺术设计大赛”全国总决赛二等奖，2022年6月荣获“第十届未来设计师，全国高校数字艺术设计大赛”广西赛区一等奖，2022年3月荣获全区高校“受助学生讲党史”宣讲评比活动三等奖，广西机电职业技术学院《蜕变》荣获2022年“3·25”心理健康教育活动季心理情景剧比赛三等奖，广西机电职业技术学院《心愿》荣获2022年“3·25”心理健康教育活动季心理情景剧比赛三等奖。

对于杨同学这类困难学生，高校资助育人不单单是要在经济上对其进行资

助，更要在精神上加强引导，要发掘和挖掘出他们喜欢并且适合他们的方向加以引导，真正把资助与育人有效结合，良好传承。同时要关注学生心态变化，此类困难学生大多自尊心强，不愿过多提及本身情况，要通过心理疏导与活动引导，让他们感受到党和国家对他们的关心关爱，感受到学校、老师对他们真心付出，通过营造良好的环境氛围，让此类学生们增加自信，逐步融入，逐步用自身的事迹与力量感染他人，达到资助育人的目标。

第十章 组织育人案例

第一节 以组织建设为牵引，探索建设校地共建乡村振兴体验式课堂

——贯彻运用“大思政课”理念实现育人目标

一、目标及思路

广西机电职业技术学院马克思主义学院依托“全国党建工作样板支部”“广西教育工委五星党支部”“广西教育工委‘双带头人’教师党支部书记工作室培育创建单位”的组织优势，与多个地方政府、农村基层党组织合作共建乡村振兴体验式课堂，加强党建引领，运用地方丰富的教育资源和现实中鲜活的案例，向广大青年学子讲好、讲活乡村振兴这堂“大思政课”，实现组织育人的目标。

习近平总书记强调，民族要复兴，乡村必振兴。全面实施乡村振兴战略是关系全面建成社会主义现代化强国的全局性和历史性任务。“乡村要振兴，青年勇担当”，广大青年能否用大历史观来深入认识乡村振兴战略的重大意义，能否传承中国共产党人为广大人民谋幸福的初心和使命，能否正确认识“三农”发展大势，以实际行动积极投身乡村振兴伟大实践，关系着国家前途和民族命运。当前正处于巩固拓展脱贫攻坚成果同乡村振兴有效衔接的过渡期，为提升乡村振兴主题教育的实效性，广西机电职业技术学院贯彻落实习近平总书记关于“‘大思政课’我们要善用之”的重要指示，与多个农村基层党组织合作打造乡村振兴体验式课堂，运用地方丰富的教育资源和现实中鲜活的案例，向广大青年学子讲好乡村振兴这堂“大思政课”。

在“大思政课”的理念指导下，以青年学生的思想认识困惑为出发点，结合乡村振兴的大环境大背景，拓展教育教学的空间和育人格局，探索提高思想政治教育针对性、时效性的新模式。目前，学校生源大部分来自农村，不少曾为建档立卡户（现为脱贫户），他们都是脱贫攻坚和乡村振兴的亲历者和受益者。而经调查发现：一方面，大多数学生认可精准扶贫和乡村振兴为家乡带来的发展变化；另一方面，普遍缺少对“三农”问题的深入思考和理性认识，对国家全面

实施乡村振兴战略的重要性和深远意义认识不到位。基于这一现状，学院运用“大思政课”理念，将传统课堂与社会实践深入结合，走入乡村实地，通过校-地联动建设乡村振兴体验式课堂形成新的思政课阵地，通过服务“五大振兴”丰富教学内容和手段，通过课程成果的推广扩大辐射面，从而实现对广大青年学生的认知教育、情感培养和价值引导。

二、实施方法和过程

（一）加强党组织建设，以党建引领高质量思政课建设

马克思主义学院充分发挥作为全国党建工作样板党支部的组织优势和学科专业优势，先后与贵港港北区庆丰乡万新村、天等县进结镇、博白县水鸣镇新丰村等地方政府、党组织达成合作协议，建立学校-地方联动机制，共同打造高校乡村振兴体验式课堂，力争讲活乡村故事、讲好时代故事，提升学生的获得感，激发青年人自觉为乡村建设服务的情怀担当。

习近平总书记在看望参加全国政协会议的医药卫生界教育界委员时指出，“大思政课”我们要善用之，一定要跟现实结合起来。思政课不仅应该在课堂上讲，也应该在社会生活中来讲。针对学生面对“三农”问题存在的普遍思想困惑，学院寻求从“大思政课”的理念中探索破解之道，通过充分整合社会资源，创设传统课堂与社会连接的实践课堂。乡村振兴体验式课堂通过校地共建共同打造持续、有效、真正发挥作用的教育实践阵地。

同时，讲好新时代的思政课，就要与时代同频共振，聚焦乡村振兴，创建“乡村振兴体验式教学基地”，成了讲好乡村故事、讲好时代故事，进而突破教育教学难点、解决学生思想困惑点的关键。

这一举措正突显了思政课鲜明的实践品格、突出的问题导向、浓厚的现实关怀。

（二）校地连线，同频共振，合作共建体验式课堂

学校经过了前期调研和实地走访，与当地政府、党组织进行积极联系，在服务高校教育与促进地方发展之间寻找结合点，达成合作意向，签订合作共建协议，制定合作方案。在建设中，以解决当地实际问题与促进学生实践体验教学相结合，从环境、场所、人员、文化素材等软硬件方面整合资源，搭建校地共建平台，形成良好的协作机制。

乡村振兴体验式课堂建设得到了地方政府的积极响应与大力支持，为项目的开展提供了极大的便利。

（1）为师生实践提供活动场所、基础资源、设备工具，例如在主题墙绘打

造中做好墙面粉刷的基础准备，在微景观打造项目中开放菜园、果园，准备旧轮胎、竹子等基本材料，提高了项目开展的效率。

(2) 在师生下乡调研实践中做好各项前期保障工作，对接各个产业基地、企业、党组织配合师生调研访谈。

(3) 做好当地群众的思想工作，充分调动群众的积极性，群众配合度高。

在项目实践中，师生团队提出的很多建设方案都得到了积极的响应，主动参与到项目建设过程中，并为参与下乡实践的师生团队提供交通、饮食、住宿等后勤保障，确保项目顺利实施。

(三) 服务“五大振兴”，整合教育资源，优化教学方法

在实践教学内容方面，制定了以围绕乡村振兴的建设目标开展教学设计的方案，精确瞄准产业振兴、文化振兴、人才振兴、生态振兴、组织振兴“五大振兴”内容。通过与地方的持续沟通，根据当地重点工作安排，结合学校人才培养进度，进行弹性调整，精心设计了一系列“半命题”项目，即校方规划实践项目的方向、类型、模块，再根据当地工作实际情况具体确定项目内容，针对性组建师生团队到体验课堂开展实践活动。

理论宣讲模块中，布置学生围绕“四史”和乡村振兴进行主题设计，以村党组织党员为对象制作微党课，在线上线下“送课”，通过“大学生讲党课”帮助当地加强党组织建设，助力组织振兴。主题调研模块中，制定“组织建设情况”“产业发展需求”“脱贫攻坚大家谈”“水域水质情况调研”等项目，师生通过走访村户、产业负责人、勘察环境等调查了解各方面情况，综合分析信息数据，发现存在问题，为策略研究提供参考依据，让学生能够走到群众中去切实了解群众需求，参与到乡村发展的谋划思考当中。产业服务模块中，发动商科专业的学生为当地商户提供直播营销、网店经营、渠道拓展等支持，成功协助地方竹编工艺企业参加2020年广西工艺美术作品旅游工艺品暨大师精品展览，助力竹编工艺产业升级；组织学生开发创新创业比赛项目，学校依托基地特色资源培育陈皮与竹编产业相结合的“青年红色之旅”创业项目，努力为乡村产业发展寻求突破。生态宜居模块中，联合专业教师协助地方制定“美丽乡村”建设方案，发动艺术类专业学生到体验课堂参与设计吉祥物、绘制主题墙画、打造小景观等，服务于宜居环境的建设。文化建设模块中，设计“特色文化打造”项目，结合地方实际，挖掘和提炼各地乡村的文化特色、亮点。比如，博白镇新丰村既盛产竹子且拥有竹编产业，还是一个拥有多处红色印记的革命老区村，因此在村容村貌提升工程中突出打造该村的“竹”形象，挖掘研究本地红色历史文化，助力该村文化振兴；动员影像传媒专业学生观察记录乡村的发展变化，采集脱贫户、致富户的感想体会，制作成微电影、专题短片、微课等，作为实践总结作品。

这些实践项目的设计和命题，一方面来自地方发展的需求、当地人民生活改善的需要；另一方面来自学生的专业所长和志趣所在，时代和社会环境成为主要的“出题人”，现实环境成为最好的资源和素材，学生发挥才干和热情参与到策划和实践中，参与度和效果明显提升。

三、成果成效

乡村振兴体验式课堂是以组织建设为牵引，社会实践为载体，实现育人目标的探索尝试。乡村振兴体验式课堂的实践教学不是单一孤立的，也不能仅仅停留在一两次、短期的任务之上，构建校地连接的实践平台更重要的是需要将其成果进行固化，并将成果应用到常态的教育教学当中，以文化人、以文育人，使其发挥更大的引导、辐射作用。如在实践过程中形成的多篇大学生实践调查报告、拍摄的扶贫题材微电影、开发的创新创业项目等，都是最接地气、最具典型性的实践成果。这些成果在各级各类比赛中屡获荣誉，不仅成为学生在校参与各类竞赛的有利载体，促进学生的成长成才，并且已经作为最鲜活的教学素材，有机融入理论教学中，有效辅助课堂，让思政课更有温度，更有家乡滋味。学生在学习和实践过程中感受到很有收获，增强了对“三农”问题的认识理解和情感认同，体验到在乡村建设的广大天地中有用武之地，大有可为，提振了服务乡村振兴的信心。

乡村振兴体验式课堂的建设同时实现校地双赢目标，对地方发展也具有推动作用。在高校投入和青年参与中，乡村建设在组织、文化、产业、生态等多方面获得了具体的帮助支持，实践成果同样在乡村的广袤大地上发挥出价值，真正在校地合作共建中做出振兴发展的大文章。通过合作共建，地方群众对于家乡的建设变化感同身受，校地合作建设形式广受肯定，初见成效，共建的成果也频频得到宣传推广，如“博白先锋”“博白网”“飞扬在线”“博白乡村振兴网”等媒体先后对博白县水鸣镇新丰村的建设成果进行了报道。

四、特色与创新

（一）理念创新：“大思政课”理念引领，贯穿始终

乡村振兴体验式课堂的建设和推进始终在“大思政课”理念引领下前行，吸收社会实践中的生动素材来丰富思政课教学，让思政课堂走入社会大天地。树立大课堂理念，充分挖掘整合社会育人资源，构建立德树人的社会大课堂，让学生全方位、全过程参与体验实践，更能够激发情感共鸣。充分挖掘了社会生活中蕴藏的思政教育资源，激活思政教育元素，发挥其社会化思政课堂的育人功能，让校地共同承担育人职责和任务，打造广泛意义上的育人大课堂。

（二）内容创新：结合实地需求，切实服务乡村发展振兴

在教学内容设计当中，以“五大振兴”内容为模块组织师生团队开展实践体验活动，“上接天气，下接地气”，具有了鲜活的特质和地方的特色。同时，“半命题”设计也是灵活多样、个性化且富有挑战性的，青年学生能充分沉浸在国情、区情、乡情的现实中，提高了对乡村振兴战略的认识与认同，也为乡村振兴提供了更多的资源、人力、创意，促进了村屯的发展。

（三）形式创新：校地合作搭建体验式课堂教学模式，打造思政教育品牌

乡村振兴体验式课堂的建立突破了传统的思政课堂有规定的时间、指定的教室、既定的教案、确定的答案，拓展了教学活动的格局。校-地双向联系对接，进行资源共享，在学生实践教育、乡村振兴发展等过程中，做到优势互补，实现共建共赢。以乡村振兴体验课堂为平台，持续不断开展实践体验活动，努力打造样板工程，形成品牌带动效应。目前，类似相关的实践基地还将在其他地方揭牌成立，创设更广阔的教育空间。

第二节 “沉浸式”红色研学实践教育，开创立体化组织育人新场域

本人积极立足本职工作，扎实开展好学院团委、学生党支部和所带班级的组织育人工作，坚持以学生为主体，以实践活动为纽带，充分整合校内外育人资源，立足“党建带团建”“党建+课程思政”双元育人模式，组织开展丰富多彩的“沉浸式”红色研学实践教育活动，开创立体化组织育人新场域。广西机电职业技术学院公共管理学院（以下简称学院）学生党支部获评学校 2020 年度、2021 年度先进基层党支部，本人获得 2022 年学校基层党务干部党务基本功大赛学生党支部组一等奖。

一、党团活动厚植爱国之心

青年兴则国家兴，青年强则国家强。青少年阶段正是人生的“拔节孕穗期”，基层党组织抓组织育人，首先要抓思想铸魂，只有积极创新组织育人新模式，才能切实增强入党申请人在培养考察教育过程中的认同感和获得感，不断激发学生的爱国之心、引导学生砥砺强国之志、实践报国之行。

作为学生党支部书记，本人积极组织师生党员、入党积极分子开展“百年党旗红，启航新征程”主题党日活动暨“党建带团建”主题实践活动。通过新党员宣誓、聆听邕江沿途红色景点介绍，组织学生合唱《我和我的祖国》等方式，

以实际行动学习党史、重温“红船精神”，点燃师生心中的理想信念之火；组织师生党员前往南宁经济技术开发区两新领域电影党校，通过参观电影党校、聆听电影党课、唱红色歌曲、观看爱国主义影片等多种形式，进一步引导师生党员弘扬革命精神、传承红色文化、赓续红色血脉，牢记初心使命，主动担当作为。

二、红色研学砥砺强国之志

为了让广大师生党员接受更加深刻的党性教育思想洗礼，党支部积极组织师生党员、团员前往美丽南方爱国主义教育基地、三街两巷、邓颖超纪念馆、青秀山等地开展红色研学实践教育活动。

在美丽南方爱国主义教育基地，师生们深刻领会了习近平总书记“两山理论”及在广西的重要讲话精神，学生们纷纷表示要牢固树立共产主义信仰，坚定理想信念，进一步增强责任意识和使命担当，以昂扬姿态奋力开启全面建设社会主义现代化国家新征程，以优异成绩庆祝党的二十大胜利召开。本人积极组织学生到老南宁历史文化街区——三街两巷、邓颖超纪念馆、南宁建制博物馆参观，了解南宁的历史与城市变迁，深入学习南宁女儿——邓颖超同志的革命故事与精神。参观体验后，师生组织歌唱《唱支山歌给党听》《我和我的祖国》《走进新时代》《我们走在大路上》等红歌，学生们加深了对中国共产党百年历史的了解，表达了对革命先辈的崇敬。积极联合旅游管理专业团队、旅管2001团支部，在青秀山现场为游客讲解了壮锦广场、东盟友谊长廊、广西抗日学生军烈士纪念碑、龙象塔等景点，此次活动不仅提升了学生们的专业技能，还让学生深刻学习了革命英烈的英勇事迹，引导学生积极弘扬优良革命传统。通过一系列沉浸式红色研学实践教育活动，进一步激发了学生的爱国情怀、强国信念，为党支部打造组织育人“新高地”注入新动力。

三、实干历练实践报国之行

作为院团委负责人，本人积极组织学院旅管2001团支部、数字媒体艺术设计专业学生参加由百色市政府主导、百色市教育局主办的全市各中小学“弘扬新时代精神——访神秘天坑”研学综合实践活动。学生们积极担任研学指导师助理，全程摄影记录研学活动的精彩瞬间，并以线上直播的方式广泛开展网络全媒体宣传，以认真态度和工匠精神高质量完成了既定工作任务，学生的工作表现及专业能力获得主办方高度肯定。

2022年暑期，本人积极组织学生前往博白县新丰村开展暑期“三下乡”实践调研活动，通过实践调研活动，让学生亲身感受党的精准扶贫政策给农村带来的新变化，了解当地老百姓脱贫前后的生活环境改善情况，近距离感受广大扶贫干部的奉献精神，增强了对中国特色社会主义的道路自信、理论自信、制度自信、文化自信，增强听党话、跟党走的自觉性。在新丰村周边，学院学生充分发挥专业特长开展实践活动。如通过直播芒编技艺、制作传统竹编技艺专题纪录片，宣扬芒编非遗文化，服务乡村振兴；为新丰村村民免费拍摄全家福和个人证件照，得到村民的一致好评；为当地特色产品带货直播，在社会课堂中“受教育、长才干、做贡献”。通过一系列活动，使学生在服务与实践中真正做到受教育、长才干，引导学生做有理想、有本领、有担当的新时代青年，为加快实现壮美广西建设目标奉献青春智慧和力量。

第三节 机械工程学院学生党支部“1创+2型+3实”组织育人模式

广西机电职业技术学院机械工程学院学生党支部共有党员73名，其中教师党员12名，学生党员61名；正式党员11名，预备党员62名。支部在校党委的正确领导下，积极推进“三全育人”综合改革，创造性地探索出以“创优”为目的，以着力建设一支“信念坚定、素质优良、突出”的高校学生党员队伍和着力打造“2型”（学习型、服务型）学生党员和党组织为落脚点，以3个实施素质提升工程为载体的学生基层党建“1创+2型+3实”组织育人服务新模式，以提高党员队伍素质为出发点，培养党员学生良好的学习习惯，鼓励党员用理论知识武装自己的头脑，努力成为学习型党员；培养党员学生的服务意识，发挥党员的先锋模范作用，不断增强党支部服务群众的功能，充分发挥党支部战斗堡垒作用。通过充分挖掘学生党支部的组织育人功能，有效组织党员学生进行党的理论知识学习和参与各类实践活动，知行互动，在实践中提升党性修养，以点带面，不断提升党支部组织力，进一步提升学生党支部组织育人的效果。

一、实施背景

习近平总书记在全国高校思想政治工作会议上强调，高校思想政治工作关系高校培养什么样的人、如何培养人以及为谁培养人这个根本问题。要把思想政治工作贯穿教育教学全过程，实现全过程育人、全方位育人。2017年2月27日，中共中央、国务院印发了《关于加强和改进新形势下高校思想政治工作的意见》，明确对高校提出“组织育人”的要求，要求把思想价值引领贯穿教育教学全过程和各环节。学生党支部作为高校组织育人工作的重要载体，发挥着教育培养社会主义合格建设者和可靠接班人的重任，对广大学生的思想政治引领方面也具有十分重要的作用。

二、实施措施

学生党支部采取“以点带面、影响一片”的工作思路，精准学生成长中的

"渴望点"和"需求点"，找准基层党建"着力点"，增强党支部吸引力、凝聚力和影响力，探索学生基层党建"12"组织育人服务新模式。经过实践，基层学生党建工作的取得了良好实效，具体实施了以下三方面主要工作。

（一）建设一个服务型党支部，聚焦服务定位，淬炼服务品牌

为充分发挥基层党组织战斗堡垒作用，彰显党员先锋模范形象，支部严格按照"五好""六有"目标要求，围绕"不忘初心、牢记使命"主题教育，着力培养和打造一支党性观念强、作用发挥好的党员志愿者队伍——笃行先锋队，引导和动员支部师生党员践行党的宗旨，带头弘扬"奉献、友爱、互助、进步"的志愿者精神，广泛开展校内外志愿服务，将支部建设成为服务型基层党支部，创优服务型党支部。

（1）服务的宽度——扎实推进志愿服务活动进社区，增强支部服务的辐射作用。积极与社区党支部结对共建，开展了系列服务社区活动。到锰矿小区开展美化美好家园志愿服务活动，帮助社区清洁卫生；与西乡塘区开展"国际禁毒日，共享健康权利，共建健康中国"宣传活动，让更多公民了解毒品的危害，远离毒品；与相思湖社区开展"保护地球、美丽邕江"绿色环保主题活动，清理邕江沿岸的废弃垃圾；参与相思湖社区"两节一会"活动，把党的十九大精神传达到百姓身边，促进了学院、学生与社区之间的交流；与上尧街道团工委共同开展"纪念先烈、报效祖国、圆梦中华"清明祭扫活动，缅怀先烈。

（2）服务的深度——扎实开展"我为群众办实事"活动，让服务活动走深走实。开展了"清洁乡村 青年当先"主题团日活动，弘扬雷锋精神，用雷锋精神服务师生；向建党100周年献礼，利用专业知识动手制作宣传海报，以实际行动彰显当代大学生精神面貌；开展了让党旗在疫情防控一线高高飘扬——学生党支部冲锋"疫"线党员志愿者服务接种疫苗活动5次，全力保障广大师生生命安全和身体健康，打赢疫情防控阻击战；开展毕业生党员为图书馆捐书2次，将"学党史，我为民办实事"转化到具体的实践中。

（二）打造一个学习型党支部，成立学生党员学习实践团队

支部持续推进学习教育常态化制度化，扎实开展党史学习教育，成立学生党员学习实践团队，以学习沙龙、读书分享会为载体，通过分组学习、集中学习的方式开展党史专题学习，尤其是针对党的十九届六中全会精神、习近平总书记相关讲话精神、学院党建系列制度等重点内容，反复学习、强化学习、线上线下多种形式结合学习，提高学习成效，增强党员党性认识。学生党支部为激发学生党员学习党史的热情，开展了固定活动和特色活动，如线上祭扫清明活动，这类活动作为学生党支部的固定活动，培养学生弘扬传统文化的爱国情怀，开展小组学

习特色活动，抓住网络学习作为大学生思想政治教育的主阵地，抓住重要时间节点，开展了缅怀南京大屠杀、吾辈当自强的学习和讨论，纪念毛泽东诞辰等线上学习讨论活动。如今，学生党员已经形成主动学习党的相关知识的习惯和热情，每到重要时间节点，都能自发地在QQ群和空间发表积极向上的学习讨论，通过小组学习形式，学生党员、入党积极分子开展系列小组学习活动，学习了党员故事大家讲、学习习近平总书记在庆祝中国共产党成立100周年大会上的重要讲话精神、十九届六中全会精神等，通过学习、讨论，学习党的知识，提升党性修养。支部不断创新学习方式，鼓励党员同志至少完成“读一本书”、汇报一次成果，通过读书分享会的形式，使广大党员同志不断地吸取理论知识的熏陶，用理论知识武装头脑，坚定政治立场，创优学习型党支部。

(三) 实施学生党员“三个一”素质提升工程

为发挥学生党员先锋模范作用和成为学习型、服务型学生党员注入强大素质支持，学生党支部实施学生党员“三个一”素质提升工程，即实施“一个党支部带好一个班，实施一名党员带好一个宿舍，实施一名入党积极分子帮助一名同学”，以此为抓手，全面带动了学生工作的有效开展。“一个党支部带好一个班”重点在于带动班级的思想建设、学风建设和班风建设。强调要在加强党支部自身建设的同时，成为带动班级团结进步和开展思想政治教育的坚强堡垒。“一名党员带好一个宿舍”，建立党员先锋宿舍制度，对有党员所在宿舍挂牌“党员先锋宿舍”，以学风建设为基础，积极带动宿舍同学养成良好的学习、生活习惯，努力使宿舍同学在思想、学风、宿舍文明建设方面取得明显效果。“一名入党积极分子帮助一名同学”关键在于树立入党积极分子的责任意识，主动承担工作、主动联系群众，积极帮助同学解放思想、学习、生活上的困难，在实践中实现自身思想的升华。通过学生党建“三个一”工程的实施，实现了学生党支部战斗堡垒作用与优良学风、班风建设的有效结合，党员先锋模范作用与文明宿舍建设的有效结合，入党积极分子考察培养与帮助困难学生的有效结合，形成了以党建带团建、以党建促学风的双赢局面。

三、工作成效

(一)“小”载体，“大”教育

通过围绕“五好”“六有”目标要求，开展形式多样的活动，可很明显地感受到，学生党员的党员意识和服务意识提高了，自我管理、自我教育、自我服务的能力增强了，培养了学生党员创新、创业和创优的精神，且师生关系更加和谐了。这些举措，使学生党员先锋模范作用更加突出，学生党员这面旗帜更加鲜明，学生党支部战斗力和凝聚力更加强大，学生整体精神面貌向上向好。

（二）“小”切口，“大”效应

通过打造一个学习型党支部，成立“学生党员学习实践团队”。营造团队氛围的营造，提高凝聚力，做好传帮带，希望继续探索和实践进一步促使学生确立学习主体地位，积极发挥在大学生活学习中的主体作用，激发学生问题意识、团队合作意识和创新思维，在团队合作研讨中，“问题大家提、是非大家辨、道理大家论”的互动方法，着实提高了学生与人交往能力、实践能力、创新能力和解决实际问题的能力。组建的学习团队成员取得了不错的成绩，团队成员在国家级、省级、校级和院级科技与学科相关竞赛中获奖，契合中国传统节日举办了主题活动，如“四史读书会”文化沙龙等活动。从思想觉悟到综合素质，从文化学习到技能提升，充分体现了学生党支部的育人成效。

（三）“小”行为，“大”辐射

一方面，加强了对团队成员政治引领，将党的教育方针充分贯穿支部建设过程，将理想信念教育与社会主义核心价值观的培育和践行有机融入活动中，保障组织在思想上、行动上与党组织保持一致；另一方面，增强了党建带动团建的作用，增强党团组织间的优势互补，充分发挥党建带动团建的团结凝聚青年师生的桥梁纽带作用，以党团共建为工作抓手加强党与青年师生的密切联系，将组织建设过程中蕴含的多元化育人资源作为党组织凸显价值凝聚优势的重要补充。

参考文献

[1] 付志伟．高职院校“三全育人”存在问题及实现路径探索［J］．长江工程职业技术学院学报，2021，38（2）：55-57.
[2] 张成飞．高职院校“三全育人”实践路径研究［J］．石家庄职业技术学院学报，2022（3）：222-224.
[3] 顾美娟．高职院校构建全员、全过程、全方位育人的内涵及实施路径研究［J］．黄冈职业技术学院学报，2021（2）：23-26.
[4] 赵放辉，赵晓珂，于梦飞．三全育人中国石油大学（华东）石油工程学院研究与实践［M］．青岛：中国石油大学出版社，2020.
[5] 袁东升，张成，蒋晓敏．高校“三全育人”体系的创新发展研究［M］．西安：西北工业大学出版社，2022.
[6] 吴嘉敏，闵辉．“三全育人”的理论与实践——基于上海海洋大学的探索［M］．上海：上海三联书店，2020.
[7] 张恩祥，范宝祥．潜心育人“三全育人”的理论与实践探讨［M］．北京：中国政法大学出版社，2022.
[8] 彭超．职业院校“三全育人”理论与实践［M］．成都：西南交通大学出版社，2022.
[9] 苏基协．新时代高校“三全育人”理论与实践创新研究［M］．西安：西北工业大学出版社，2022.